ADVANCED PHONETIC READER

Advanced Phonetic Reader

J. D. O'Connor

Reader in Phonetics in the
University of London

Cambridge University Press
Cambridge
London · New York · Melbourne

Published by the Syndics of the Cambridge University Press
The Pitt Building, Trumpington Street, Cambridge CB2 1RP
Bentley House, 200 Euston Road, London NW1 2DB
32 East 57th Street, New York, NY 10022, USA
296 Beaconsfield Parade, Middle Park, Melbourne 3206, Australia

© Cambridge University Press 1971

Library of Congress catalogue card number: 70-142124

ISBN 0 521 09649 9

First published 1971
Reprinted 1976 1977 1979

Printed in Great Britain at the
University Press, Cambridge

Contents

Acknowledgements	*page* vi
Foreword	vii
Intonation Marks	ix

Declamatory
   The Gettysburg Address by Abraham Lincoln   1

Formal Colloquial
   from *Memento Mori* by Muriel Spark   2

Colloquial
   from *The King Must Die* by Mary Renault   4
   from *The Once and Future King* by T. H. White   9
   from *The Contenders* by John Wain   14
   from *Eating People is Wrong* by Malcolm Bradbury   16

Familiar
   from *The Horse's Mouth* by Joyce Cary   24

Texts in Normal Spelling   31

Acknowledgements

For permission to reproduce copyright material acknowledgement is made to the following: Macmillan and Company Ltd. for *Memento Mori* by Muriel Spark and *The Contenders* by John Wain; Longman Group Ltd. for *The King Must Die* by Mary Renault; William Collins, Sons and Company Ltd. for *The Once and Future King* by T. H. White; Martin Secker and Warburg Ltd. for *Eating People is Wrong* by Malcolm Bradbury; Curtis Brown Ltd. and Michael Joseph Ltd. for *The Horse's Mouth* by Joyce Cary.

Foreword

This reader is one of two written to accompany my *Better English Pronunciation*.

In a previous phonetic reader (1948) I tried to give some idea of the diversity of styles in pronouncing English by transcribing different kinds of writing in different ways. It seems that this is particularly useful for advanced students, who can use the texts not only for improving their own performance but also for analysing the language of the original and its connection with the pronunciation specified.

The present book gives more material of the same sort, grouped into the same four style categories: Declamatory, Formal Colloquial, Colloquial and Familiar. These styles may be briefly characterized as follows:

Declamatory: the pronunciation used in oratory, verse-speaking or the stage performance of, for example, Shakespeare. There is comparatively little gradation and strong forms of words are common. Phrases are short, necessitating frequent connective intonations, and phrase-final pauses are frequent. There is little or no assimilation or elision, and the glottal stop is often used for both separative and emphatic purposes.

Formal Colloquial: a style appropriate for, though not necessarily confined to, the reading aloud of serious, especially descriptive, material. There is a good deal more gradation but still some strong forms and the less extreme of the available weak forms. Assimilation is rare, but some of the commoner elisions may be found. Phrases are longer and actual pauses phrase-finally are fewer.

Colloquial: the style of polite conversation or the reading aloud of lively, conversational material. No strong forms are used where weak forms are possible and some extreme weak forms occur. The lengthening of phrase-final syllables, not pause, marks minor phrase boundaries.

Familiar: the relaxed, unbuttoned pronunciation associated with the conversation of familiars. Weak forms are at their weakest, elisions and assimilations abound. Minor phrase boundaries are often marked by intonation alone, with neither pause nor syllable lengthening.

FOREWORD

The reader will find it instructive to make a more detailed analysis of the pronunciation differences between one style and another. The Colloquial style, because it is in general more useful to the foreign learner than the others, is accorded most space, and here again it is useful to study the differences between the different pieces within this style.

The texts are given both in phonemic transcription and in the normal spelling, and it may be helpful, in some cases at least, to read quickly through the version in normal spelling before tackling the transcribed version, simply to get the general sense of the passage.

Those not familiar with the method of marking intonation used here should study the instructions on pp. ix-xii.

I have recorded all the passages in the book and careful listening to these recordings will prove enormously helpful to those wishing to improve their pronunciation.

University College London J. D. O'CONNOR

Intonation Marks

BOUNDARIES
| Very brief pause or simply the lengthening of the preceding syllable.
|| Pause.

TONE MARKS
All marks except ⁻ specify stress on the following syllable, and all specify the pitch of all syllables up to the next tone mark or boundary.

⁻   High initial syllable(s), e.g. ⁻ʃiː wud ˌtrai ||

Any initial syllables which are unmarked are low and unstressed, e.g. ən aim ˈgreitfḷ ||

Such low initial syllables may include stressed syllables, which are then marked with ˌ, e.g. it wəz ˌlaik ə ˈsprediŋ ˌtriː |

ˈ   High level pitch, e.g. ˈɑːftər ə ˌwail |

If repeated, each stretch begins slightly lower than the preceding one, e.g. ˈwen ʃiː həd ˈbrɔːt ˈevriθiŋ ˌin |

INTONATION MARKS

ˎ Starting high and gradually descending, e.g.

wiː kəd ˎounli kənˇkluːd ‖

If repeated, each stretch begins slightly lower than the preceding one, e.g.

pəˎpɑːr əm məˎmɑːr ən ðɛə ˎnjuːmrəs ˇɔfspriŋ ‖

If the stretch is monosyllabic the marked syllable may itself fall slightly, e.g. bət if jɔː ˎlaːns ˎstrʌk im ɔn ðə ˇʃiːld ‖

Both ' and ˎ may be followed by · which shows a stressed syllable that does not deviate from the pitch previously specified, e.g.

'ðɛər in 'misiz 'æntəniz ˌtʃɛə ‖ ˎpɔsəbli 'θruː fəˇtiːg ‖

ˌ, Low level pitch whether single or repeated, e.g.

hiː ˌ,wudn̩t əv ˌ,lɔst iz ˌvout ‖

ju 'kɑːnt ˌ,dʒʌs ˌ,θrou ðiː ˌ,isjuː əˌsaid ‖

Before ' the syllables after the first ˌ, gradually rise to a pitch just below the start of the fall, e.g.

ðei wər ət ˌ,ɔpəzit ˌ,poulz əv ðə 'wəːld ‖

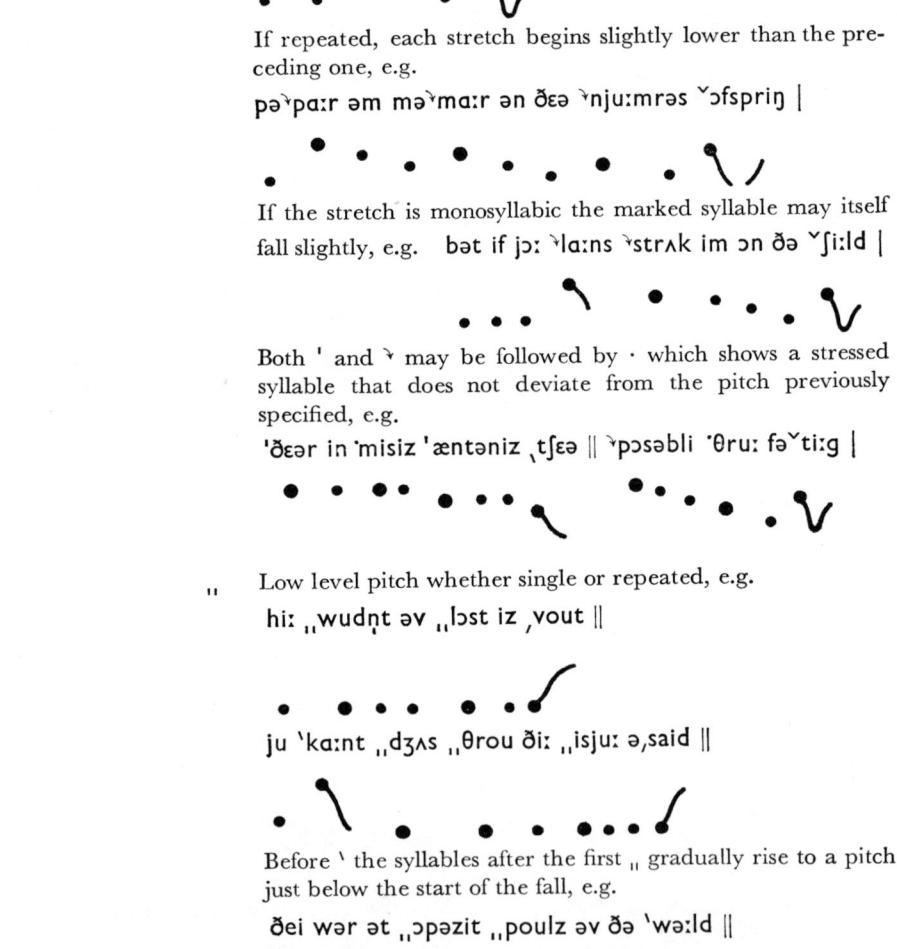

INTONATION MARKS

`   Falls immediately from medium to low pitch, e.g.
        ʃiː ˈstuːpt ˌdeindʒərəsli |

`   Falls immediately from high to low pitch, e.g. ˈɔbviəsli |

^   Rises from medium to high then falls to low on one, two or
        three syllables, as available, e.g.
        ˈgeimz ^mæd ‖ ˈæn ^lepəz ‖ ˈæn ^luːnətiks ‖
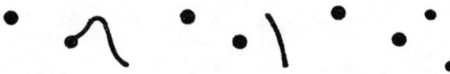

        ˌ ` and ^ may all be followed by ˌ which shows a low-pitched
        stressed syllable, e.g. əf ^kɔːs jə ˌduː ai ˌsed ‖

ˌ   Rising gradually from low to medium between this point and
        the following boundary, e.g.
        ɔː diˌtrækt ‖ in ðə ˈwɔːl ˌfeisiŋ əs |

ˈ   Rising gradually from medium to high from this point to the
        following boundary, e.g. ˈʌndə ˈgɔd | ən ˈignərənt |

        Both ˈ and ˌ may be followed by · which shows a stressed
        syllable in the rising stretch, e.g.
        ˈʃud ʃiː ˌbəðə wið ·hɔt ·wɔːtə ‖

xi

INTONATION MARKS

ˇ   Falls from rather high to low on this syllable then rises to medium just before the following boundary, e.g.

fə ˇjuː | ðə ˈmɑːstər ˇɑːmərə |

ˇ may be followed by ͵ which shows a low-pitched stressed syllable except that the last ͵ before a boundary shows the beginning of the final rise, e.g.

juː ͵͵hæd tə bi ə ˇmɑːstər əv jɔː ͵krɑːft |

ˀsitiŋ wið iz ˇbæk tu ͵ɔːl ði æθ͵letisizm̩ ‖

The Gettysburg Address by Abraham Lincoln

The elevated language and the purpose and circumstances of this address require the use of a style suitable for oratory, namely the Declamatory style.

'fɔː 'skɔːr ənd 'sevən 'jiəz əˌgou ‖ ˀauə 'fɑːðəz 'brɔːt 'fɔːθ | ɔn 'ðis ˌkɔntinənt ‖ ei 'njuː ˌneiʃən ‖ kɔn'siːvd in ˌlibəti ‖ ænd 'dedikeitid tu ðə 'prɔpəˌziʃən | ðæt 'ɔːl 'men | ˀɑː kriː'eitid ˌˀiːkwəl. ‖

'nau wiː ɑːr in'geidʒd | in ə 'sivil ˌwɔː ‖ ˋtestiŋ | ˇweðə ˌðæt ˌneiʃən ‖ ɔː ˋˀeni ˌˌneiʃən ˌˌsou kɔnˌˌsiːvd ənd ˌdedikeitid ‖ kæn 'lɔŋ enˌdjuə. ‖ wiː ɑː ˊmet | ɔn ə 'greit ˌbætlˌfiːld ɔv ˌðæt ˌwɔː. ‖ wiː hæv ˊkʌm | tu ˋdedikeit | ei ˇpɔːʃən əv ˌðæt ˌfiːld ‖ æz ə 'fainl̩ ˌrestiŋ ˌpleis | fɔː 'ðouz | huː 'hiə 'geiv ðɛə 'laivz | ðət 'ðæt 'neiʃən mait ˌliv. ‖ it iz 'ɔːltu'geðə ˊfitiŋ | ænd ˋprɔpə | ðət wiː ʃud ˌduː ˌðis. ‖ bʌt in ə ˇlɑːdʒə ˌsens | ˇwiː kæn ˌnɔt ˌdedikeit – ‖ ˇwiː kæn ˌnɔt ˌkɔnsikreit – ‖ˇwiː kæn ·nɔt ˇhæloʊ ˌðis ˌgraund. ‖ ðə 'breiv 'men | 'liviŋ ənd 'ded | huː ˇstrʌgl̩d ˌhiə ‖ hæv ˊkɔnsikreitid it | 'fɑːr ə'bʌv ˇˀauə ˌpuə ˌpauə tu ˌˀæd | ɔː diˌtrækt. ‖ ðə ˌwəːld wil 'litl̩ 'nout | nɔː 'lɔŋ riˌmembə | wɔt ˌˌwiː ˌˌsei ˌhiə. ‖ bʌt it kən 'nevə fɔː'get | wɔt ˇðei | ˋdid ˌhiə. ‖ it iz fɔː ˋˀʌs | ðə ˋliviŋ | ˌˌrɑːðə tu bi ˌˌdedikeitid ˌhiə ‖ tu ði ˀʌn'finiʃt 'wəːk | witʃ 'ðei huː ˊfɔːt hiə | hæv 'ðʌs 'fɑː | sou 'noubli ədˌvɑːnst. ‖ it iz 'rɑːðə fɔː ˋˀʌs | tu bi 'hiə ˊdedikeitid | tu ðə 'greit 'tɑːsk | ri'meiniŋ biˌfɔːr ʌs – ‖ ðæt frɔm 'ðiːz ˀɔnəd 'ded | wiː ˌteik in'kriːst diˌvouʃən | tu 'ðæt 'kɔːz | fɔː ˌˌwitʃ ˊðei | ˌgeiv ðə 'lɑːst 'ful ˌmeʒər əv diˌvouʃən— ‖ ðæt wiː ˊhiə | 'haili ri'zɔlv | ðæt 'ðiːz 'ded | ʃæl 'nɔt həv 'daid in ˌvein— ‖ ðæt 'ðis 'neiʃən | 'ˀʌndə ˊgɔd | ʃæl hæv ə 'njuːˈbəːθ əv ˌfriːdəm— ‖ ænd ðət ˋgʌvənmənt | ˊɔv ðə ·piːpl̩ ‖ ˊbai ðə ·piːpl̩ ‖ ˇfɔː ðə ˌpiːpl̩ ‖ ʃæl 'nɔt 'periʃ frɔm ði ˌˀəːθ.

From *Memento Mori* by Muriel Spark

This brilliant description of a very old lady making tea is transcribed in the Formal Colloquial style, in an attempt to give a rather precise and careful impression.

ˈtʃɑːmiən ˈmeid həː ˈwei tu ðə ˈlaibrəri | ənd ˈkɔːʃəsli ˈbilt ˈʌp ðə ˌfaiə | witʃ həd ˈbəːnt ˌlou. ‖ ði ˈefət əv ˈstuːpiŋ ˈtaiəd həː ‖ ənd ʃiː ˈsæt fər ə ˌmoumənt | in ðə ˈbig ˌtʃɛə. ‖ ˈɑːftər ə ˌwail | it wəz ˈtiː-taim. ‖ ʃiː ˈθɔːt, | fər ə ˌspeis, | əˈbaut ˌtiː. ‖ ˈðen ʃiː ˈmeid həː ˈwei tu ðə ˈkitʃin ‖ wɛə ðə ˈtrei həd biːn ˈset bai ·misiz ˈæntəni | in ˈredinis fə̣ ˈmisiz ˈpetigruː tu ˌmeik ðə ˌtiː. ‖ bət „misiz ˇpetigruː | həd ˈgɔn ˈaut. ‖ ˌtʃɑːmiən felt ˈouvəˈwelmd ˌsʌdn̩li | wið ˈtrepiˈdeiʃən ənd ˌpleʒə. ‖ ˈkud ʃiː ˈmeik ˈtiː həːˌself? ‖ ˌjes, | ˉʃiː wud ˌtrai. ‖ ðə ˈketl̩ wəz ˈhevi | əz ʃiː „held it „ʌndə ðə ˌtæp. ‖ it wəz ˈheviə ˆstil | wen it wəz ˈhɑːf-ˈfild wið ˇwɔːtə. ‖ it ˈrɔkt in həː ˌhænd ‖ ənd həː ˈskini, | ˈlɑːdʒ-ˈfreklˌd ˌrist | ˈeikt ənd ˈwɔblˌd wið ðə ˌstrein. ‖ ˉət ˌlɑːst | ʃiː həd ˇliftid ðə ˌketl̩ | ˈseifli ˈɔn tu ðə ˌgæs ˌriŋ. ‖ ʃiː həd ˈsiːn misiz ˇæntəni | ˌjuːz ði ˈɔːtəˈmætik ˈlaitə. ‖ ˈʃiː ˌtraid it | bət kud ˈnɔt ·meik it ˌwəːk. ‖ ˌmætʃiz. ‖ ʃiː ˈlukt ˈevriwɛə fə ˌmætʃiz | bət kud ˈnɔt ˌfaind ˌeni. ‖ ʃiː ˈwent ˈbæk tu ðə ˌlaibrəri | ənd ˈtuk frɔm ə ˌdʒɑː | ˈwʌn əv ˈgɔdfriz | ˈhoum-ˈmeid ˈteipəz. ‖ ʃiː ˈstuːpt ˌdeindʒərəsli | ənd ˇlit ðə ˌteipə | ət ðə ˈfaiə. ‖ ˈðen, | ˇkɔːʃəsli, | ʃiː ˈbɔː ðə ˈlitl̩ ˈkwivəriŋ ˌfleim | tu ðə ˈkitʃin, ‖ ˈhouldiŋ it in ˇwʌn ˌʃeikiŋ ˌhænd, | and ˈhouldiŋ ˇðæt ˌhænd | wið həːr ˈʌðə ˌhænd ‖ tu ˈkiːp it əz ˈstedi əz ˌpɔsibl̩. ‖ ət ˈlɑːst | ðə ˈgæs wəz ˌlit ʌndə ðə ˌketl̩. ‖ ˈtʃɑːmiən ˈput ðə ˈtiː-pɔt ɔn ðə ˌstouv | tu ˌwɔːm. ‖ ʃiː ˈðen ˈsæt ˈdaun in ·misiz ˈæntəniz ˌtʃɛə | tu ˈweit fɔː ðə ˈketl̩ tu ˌbɔil. ‖ ʃiː „felt ˌstrɔŋ | ənd ˌfiəlis. ‖

ˈwen ðə ˈketl̩ həd ˌbɔild | ʃiː ˈspuːnd ˇtiː intu ðə ˌpɔt | ənd ˈnjuː ðət ðə ˈdifikult ˌpɑːt həd ˌkʌm. ‖ ʃiː ˇliftid ðə ˌketl̩ ə ˌlitl̩ | ənd ˈtiltid its ˈspaut | ˈouvə ðə ˈtiː-pɔt. ‖ ʃiː ˌstud əz ˈfɑː ˈbæk əz ʃiː ˈkud. ‖ ˈin went ðə ˈhɔt ˌwɔːtə ‖ ənd ˈðou it ˈsplæʃt ˈkwait

MEMENTO MORI

ə ˈbit ɔn ðə ˇstouv, | ʃiː did ˈnɔt get ˈeni ˈouvə həː ˈdres | ɔː həː ˈfiːt. ‖ ʃiː ˈbɔː ðə ˈtiː-pɔt tu ðə ˌtrei. ‖ it ˈwaːftid ˈtuː ən ˇfrou, | bət ʃiː ˈmænidʒd tu ˈpleis it ˈdaun ˈdʒentli ˈaːftər ˈɔːl. ‖

ʃiː ˈlukt ət ðə ˈhɔt-ˌwɔːtə ˌdʒʌg. ‖ ˈʃud ʃiː ˌbɔðə wið ·hɔt ·wɔːtə? ‖ ʃiː həd ˌdʌn ˈsou ˈwel ʌp tu ˇnau, | it wud biː ə ˈpiti tu ˌˌmeik ˌˌeni miˌsteik | ənd ˌˌhæv ən ˌæksidənt. ‖ bət ʃiː ˌˌfelt ˌstrɔŋ | ənd ˌfiəlis. ‖ ə ˈpɔt əv ˇtiː | wiˈðaut ðə hɔt-ˇwɔːtə ˌdʒʌg biˌsaid it | wəz ˆnɔnsəns. ‖ ʃiː ˈfild ðə ˌdʒʌg, ‖ ˇðis ˌtaim | ˈsplæʃiŋ həː ˈfut ə ˌlitl̩, ‖ bət ˈnɔt iˌˌnʌf tu ˌbəːn. ‖

wen ˈɔːl wəz ˈset ɔn ðə ˌtrei | ʃiː wəz ˈtemptid tu ˈhæv həː ˈtiː in ðə ˈkitʃin | ˈðɛər in ·misiz ˈæntəniz ˈtʃɛə. ‖

bət ʃiː ˈθɔːt əv həː ˈbrait ˈfaiər in ðə ˌlaibrəri. ‖ ʃiː ˈlukt ət ðə ˌtrei. ‖ ˈpleinli ʃiː kud ˈnevə ˇkæriː it. ‖ ʃiː wud ˈteik ˈin ðə ˌtiː-θiŋz | ˌwʌn bai ˌwʌn, ‖ ˈiːvən if it ·tuk ˈhaːf ən ˈauə. ‖ ʃiː ˈdid ˌðis, ‖ ˌrestiŋ ˈounli ˌwʌns | biˈtwiːn həː ˌdʒəːniz. ‖ ˈfəːst ðə ˌtiː-pɔt, ‖ witʃ ʃiː ˈpleist ɔn ðə ˈlaibrəri ˌhaːθ. ‖ ˈðen ðə hɔt-ˌwɔːtə ˌdʒʌg. ‖ ˈðiːz wəː ðə ˌdeindʒərəs ˌɔbdʒikts. ‖ ˈkʌp ənd ˌsɔːsə; ‖ əˇnʌðə ˌkʌp ənd ˌsɔːsə | in ˌˌkeis ˈgɔdfri | ɔː ˌˌmisiz ˈpetigruː ʃud riˌtəːn | ənd ˌwɔnt ˌtiː; ‖ ðə ˈbʌtəd ˌskɔnz; ‖ ˌdʒæm; ‖ ˈtuː ˌpleits, ‖ ˈtuː ˌnaivz, ‖ ənd ˌˌtuː ˈspuːnz. ‖ əˇnʌðə ˌdʒəːni | fə ðə ˈpleit əv ˈgæri·bɔːldi ˈbiskits ‖ witʃ ˈtʃaːmiən ˈlʌvd tu ˈdip in həː ˈtiː. ‖ ʃiː kud ˈwel riˌmembə, | æz ʃiː ˇlukt æt ðəm, | ðə ˈfʌs əˌˌbaut ˌˌgæriˌbɔːldi | in həː ˈtʃaildhud, ‖ ənd həː ˌfaːðəz ˈelukwənt ˈletəz tu ðə ˈtaimz ‖ witʃ wəː ˈred əˈlaud | aːftə ˈmɔːniŋ ˈprɛəz. ‖ ˇθriː əv ðə ˌgæriˌbɔːldi ˌbiskits | ˈslid ɔf ðə ˈpleit | ənd ˈbrouk ɔn ðə ˈflɔːr in ðə ˈhɔːl. ‖ ʃiː pruˈsiːdid wið ðə ˌpleit, ‖ ˈleid it ɔn ə ˌteibl̩, ‖ ənd ˈðen riˌtəːnd | tu ˈpik ʌp ðə ˈbroukən ˌbiskits, ‖ ˈiːvən ðə ˌkrʌmz. ‖ it wud biː ə ˈpitiː if ˌˌeniwʌn ˌˌsed ʃiː həd biːn ˌkɛəlis. ‖ ˌstil, | ʃiː ˌˌfelt ˌfiəlis ˌˌðæt aːftəˌnuːn. ‖ ˈlaːst əv ˌɔːl | ʃiː ˈwent tu ˈfetʃ ðə ˈtrei itˈself, | wið its ˈpriti ˌklɔθ. ‖ ʃiː ˈstɔpt tu ˈmɔp ʌp ðə ˈwɔːtə ʃiː həd ·spilt bai ðə ˌstouv. ‖ ˈwen ʃiː həd ˈbrɔːt ˈevriθiŋ ˈintu ðə ˌruːm | ʃiː ˈklouzd ðə ˌdɔː, ‖ ˈpleist ðə ˈtrei ɔn ə ˈlou ˈteibl̩ bai həː ˌtʃɛə ‖

ənd əˈreindʒd həː ˈtiː-θiŋz ˈniːtli əˌpɒn it. ‖ ðə pəˈfɔːməns | həd ˌteikən ˈtwenti ˌminits. ‖ ʃiː ˈdouzd wið ˌɡrætitjuːd | in həː ˈtʃɛə | fə ˌˌfaiv ˌmɔː ·minits, ‖ ðen ˈkɛəfuli ˈpɔːd ˈaut həː ˌtiː, ‖ ˌˌsplæʃiŋ ˈveri ˌˌlit| intu ðə ˌsɔːsə. ‖ ˈiːvən ðæt ˆlit| | ʃiː iˌˌventjuəli ˌˌpɔːd ˌˌbæk intu ðə ˌkʌp. ‖ ˈɔːl wəz æz ˌjuːʒuəl, ‖ ˌseiv ðət ʃiː wəz ˈblisfuli əˌloun, ‖ ənd ðə ˇtiː | wəz ˈnɒt ɔːltuˈgeðə ˈhɒt. ‖ ʃiː ˈstɑːtid tu inˌdʒɔi həː ˌtiː. ‖

From *The King Must Die* by Mary Renault

The style of transcription for this passage from the author's re-telling of the legend of Theseus and the Minotaur is more Colloquial than the previous piece but still contains some formal features.

in ðə ˈsekən ˈmʌnθ əv auə ˌtreiniŋ, | wiː ˈsɔː ðə ˌbul dɑːns | fə ðə ˈfəːs ˌtaim. ‖

wiː həd ˇwɒntid tə ˌgou | biˈfɔː, ‖ bət ˈæktɔː fɔːˌbæd it. ‖ hiː ˌˌsed ðət if biˇginəz ˌsɔː it | biˈfɔː ðei həd ˈlɑːnt sʌm ˌskil, | ðei diˈspɛəd əv ðəmˌselvz, | ənd it ˈspɔilt ðɛə ˈnəːv. ‖

ðə ˇbul riŋ | ˈstud ɒn ðə ˈplein | ˈiːst əv ðə ˌpæləs. ‖ it wəz ˈbilt əv ˌwud, | fə ˈkriːt iz ə ˈlænd əv ˌtimbə. ‖ ðə ˈbul dɑːnsəz hæd ðɛər ˈoun ˌgæləri, | ˈdʒʌst ˈouvə ðə ˌdɑːnsəz ˌdɔːr, | ən ˈfeisiŋ ðə ˌbul geit. ‖ it ˈfeist ðə ˈkiŋz ˈbɒks | ˈtuː, ‖ bət it wəz ə ˈlɒŋ ˇtaim, ˌpiːp| ˌsed, | sins ˇmiːnɒs həd ˌsiːn ðə ˌbul dɑːns. ‖ ðə ˈtʃiːf ˈpriːst əv pəˈsaidɒn ˌˌhæloud ðə ˌbul. ‖ fə ðə ˇrest, | ðə ˈrait iz ˈruːld bai ðə ˈgɒdis-ɒn-ˈəːθ. ‖

in ðə ˈtʃiːf ˈpleis əv ðə ˌriŋ | stud ə ˈgildid ˌʃrain, ‖ ʌpˈheld bai ˈkrimzən ˌpiləz | ən ˈkraund wið ðə ˈseikrəd ˌhɔːnz. ‖ ɒn ˈaiðə ˇsaid | wə ˈsiːts fə ðə ˈpriːstəsiz, ‖ ənd ˈɔːl ˌraund | sæt ðə ˈpæləs ˌleidiz. ‖ əz ˇwiː ˌsæt ˌdaun, | ðei wə ˈkʌmiŋ ˈin frəm ðɛə ˌlitəz, ‖ ðɛə ˈsleivz | ˌsprediŋ ˈkuʃn̩z ən ˈklɒθs̩ fə ðəm tə ˌsit ɒn, | ən ˈgiviŋ ðəm ðɛə ˌfænz. ‖ ˈfrendz ˈgriːtid ˌfrendz, | ən ˈkist, | ən ˈkɔːld fə ðɛə ˈsiːts tə bi ˌmuːvd təˌgeðə; ‖ ˇsuːn | it wəz ˌlaik ə ˈsprediŋ ˌtriː ‖ in witʃ ə ˈflɒk | əv ˈbrait ˌbəːdz həz

ˌsetl̩d, ‖ ˋkuːiŋ | ən ˋtwitəriŋ | ən ˋpriːniŋ. ‖ ˈmæst laik ˈdɑːk ˌliːvz, | ðə ˈlitl̩ ˈrʌsit ˋkriːtn̩z ˌfild ði ˌʌpə ˑtiəz. ‖

ˋhɔːnz ˌbluː, ‖ ə ˋdɔːr ˌoupənd | biˈhaind ðə ˌʃrain. ‖ ˈðɛə ʃiː ˌstud; ‖ ai riˈmembəd ðə ˋʃeip əv həː, ‖ laik ə ˋfiːld ˌlili, | ˈʌprait ən ˌsmɔːl, | ˈraund ˈbrests ən ˌθaiz, | ə ˈweist tə ˈsnæp in jɔː ˌfiŋgəz. ‖ bət ˇnau | ʃiː wəz ˈstif wið ˌgould; ‖ juː kud ˈounli ˈsiː ðə ˈred əv həː ˌdres | wen ðə ˋflaunsiz ˌstəːd. ‖ həː ˈfut ˈhai ˌdaiədem | wəz ˈkrestid wið ə ˈgouldən ˌlepəd. ‖ if ʃiː həd ˈnɔt ˇmuːvd, | ai ʃud əv ˈteikən həː fə ˋdʒuələz ˌwəːk. ‖

ðə ˈmen ˈɔːl ˌstud, | ˌleiiŋ ˈfist ɔn ˌbrest; ‖ ðə ˈwimin ˈtʌtʃt ðɛə ˌfɔredz. ‖ ʃiː ˈtuk həː ˈtɔːl ˌθroun. ‖ ðɛə wəz ə ˈmjuːzik əv ˈhɑːps ən ˌfluːts. ‖

ðə ˈbul dɑːnsəz ˈkeim ˈin | frəm ðə ˈdɔː biˌlou əs. ‖ ðei ˌstept ˈslouli bət ˌlaitli, | ˈtuː bai ˌtuː, ‖ ə ˈgəːl ənd ə ˌbɔi, | in ə ˈsɔləm ˌdɑːns-step. ‖ ðɛə ˋlʌv-lɔks | ˈsliːkt ən ˌkoumd | ˈbaunst ɔn ðɛə ˈsmuːð ˌʃouldəz, ‖ ðɛər ˋɑːm-riŋz | ən ˋnekləsiz | ˈkɔːt ðə ˌlait; ‖ ðə ˈgəːlz ˈjʌŋ ˌbrests, | ən ðə ˈrʌmps əv ðɛə ˈlitl ˌlɔin-gɑːdz, | ˈdʒigd ˌpritili | in ðə ˌdɑːns. ‖ ðei ˈɔːl hæd ðɛə ˈhændz ənd ˈrists | ˈstræpt ˌraund | tə ˈstreŋθən ðɛə ˌgrip; ‖ ˈbuːts əv ˈsɔft ˈleðə | wə ˈleist ˈʌp tə ðɛə ˌkɑːvz. ‖ in ðə ˇfəːs ˌkʌpl̩ | wəz ðə kəˋrinθiən, | ˈblaið əz ə ˌbəːd. ‖

ðei ˋsəːkl̩d ðə ˌriŋ, | ən ˈfetʃt ˈʌp | in ˈwʌn ˌrou | biˈfɔː ðə ˌʃrain, | wið ðə kəˈrinθiən in ðə ˌmidl̩. ‖ ˈðɛə ðei ˈɔːl ˈstud, | ən ˈmeid ðə ˈsain əv ˌhɔmidʒ, | ən ˈspouk ə ˈfreizˉ|in ˈould ˌkriːtn̩. ‖ ai ˈtæpt ðə ˈʃouldər əv ðə ˈdɑːnsə huː ˈsæt in ˌfrʌnt əv mi, | ənd ˌɑːskt, ‟ˈwɔt də ðei ˌsei?" ‖ ʃiː wəz ə ˋblæk ˌgəːl | frəm ˋlibiə, | ən ˈhædn̩t ˌveri ˌmʌtʃ ˌgriːk. ‖ ʃiː ˌsed ˌslouli, | ˌθiŋkiŋ it ˌaut əz ʃiː ˌspouk, ‖ ‟ ˋheil, ˌgɔdis! ‖ wiː səˋluːt juː, | ˌwiː huː ə ˌgouiŋ tə ˌdai. riˈsiːv ði ˌɔfriŋ." ‖

‟ˈɑː juː ˌʃuər?" ai ˑsed, ‖ fə ðə ˈwəːdz həd ˋʃɔkt mi. ‖ ‟ˈhæv juː ˑgɔt it ˌrait?" ‖ ʃiː ˈnɔdid həː ˌhed, | witʃ hæd ˈbluː ən ˈgould ˌbiːdz | ˈplætid intə ðə ˈblæk ˌwul, | ˈsou ˈklous tə ðə ˌskælp | ðət ðei ˈlukt tuː əv bin ˋsoun ðɛə. ‖ ˈðen ʃiː ˈsed it əˋgen. ‖

ai meid 'nou ˌɑːnsə, | bət·'ʃuk mai ˌhed, ‖ ˌˌθiŋkiŋ, "ˋtruːli | ənd inˆdiːd, ‖ fər ˋɔːl ðɛə ˋgreit ˋkʌniŋ ˇwəːks | 'ðiːz 'kriːtn̩z ˆɑːr ˌignərənt. ‖ ˋðæt ·leidi ˇðɛə | 'mei bi ðə 'greitist 'priːstəs in ðə ˋwəːld, | ðə 'haiist ˆbɔːn, | ðə 'niərist tə ðə ˆgɔdis. ‖ bət ʃiː 'iz ə ˋwumən. ‖ ai ˌˌdount ˌˌkɛər if ˌˌten ˋθauzn̩d ˌkriːtn̩z diˌnai it. ‖ ʃiːz ə ˋwumən, | əʒ 'ʃɔːr əz 'aim ə ˌmæn. ‖ ai ˋnou." ‖

ai 'lukt 'ʌp ət ðə ˌʃrain. ‖ ʃiː həd 'sæt ˋdaun əˌgen, | ənd 'wʌns 'mɔː wəz ˌstil, | əz if ˌmeid əv 'gould ənd ˌaivəri. ‖ ai ˌθɔːt, "'wɔts ˌkʌmiŋ ˌtuː hə? ‖ ʃiːz ˌdʌn wɔt ði 'evəˋliviŋ 'gɔdz | 'dount pəˋmit tə mænˌkaind. ‖ 'nɔː wil ðei̯ fə'giv həː ˋjuːθ, | its 'nɔt ðɛə ˋwei. ‖ bət 'huː kən ˌseiv həː? ‖ ʃiːz 'tuː 'hai tə ˆriːtʃ." ‖

ðə 'dɑːnsəz həd ˋtə̇ːnd, | ən 'strʌŋ ðəm·selvz in ə ˌsəːkl̩ | 'raund ðə ˌriŋ. ‖ ə ˋtrʌmpit ˌsaundid. ‖ in ðə 'wɔːl ˌfeisiŋ əs | ðə 'greit ˌbul-geit ˌoupənd, | ənd 'aut keim ðə ˌbul. ‖

hiː wəz ə ˋkiŋli ˌbiːst, | 'wait 'spætʃkɔkt wið ˌbraun; ‖ 'θik ˌbærəld, | 'ʃɔːt ˌlegd, | 'waid ˌbraud, ‖ ˇænd, | laik ˇɔːl hiz ˌbriːd, | 'veri 'lɔŋ ˌhɔːnd. ‖ ðə ˌhɔːnz ˌkəːvd ˋʌpwəd ən ˌfɔːwəd, | ˌˌðen ˊdipt | ənd ˋrouz əˌgen | ət ðə ˌtips. ‖ ðei wə 'peintid ˇleŋθwaiz | wið 'straips əv 'red ən ˌgould. ‖

ðə kə'rinθiən 'stud ˌfeisiŋ him | ə'krɔs ðə ˌriŋ, | wið hiz ˋbæk tu əs. ‖ ai ˌsɔː him 'lift hiz ˌhænd, | səˌluːtiŋ; ‖ ə ˋnoubl̩ ˌdʒestʃə, | 'greisful ən ˌbreiv. ‖ ˌˌðen ðə 'dɑːnsəz | bi'gæn tə 'muːv əˋraund ðə ˌbul, ‖ 'təːniŋ in ə ˌsəːkl̩ | laik ðə ˋstɑːz ˌduː | 'raund ði ˌəːθ; ‖ 'fɑːr ˋɔf ət ˌfəːst | bət 'getiŋ ˌniərə. ‖ ət ˇfəːst | hiː 'didn̩t 'teik mʌtʃ ˊnoutis; ‖ bət juː kud 'siː hiz 'big ˌstɛəriŋ 'ai | ˌfɔlouiŋ ðəm əˌraund. ‖ hiː 'switʃt hiz ˌteil, | ənd hiz 'fiːt ˌfidʒitid. ‖

ðə 'mjuːzik ˌkwikənd; | ən ðə 'dɑːnsəz 'klouzd ˌin. ‖ ðei ˋswuːpt ˌˌraund ðə ˌbul | laik ə 'flait əv ˌswɔlouz, | 'niərər ən ˌniərə. ‖ hiː 'put iz ˌhed daun, | ənd iz 'fɔːfut 'reikt ðə ˌgraund. ‖ ˇðen juː ˌsɔː | wɔt ə ˇfuːl hiː ˌwɔz. ‖ ðə ˋbul ət ˋtrɔizən | wud əv 'siŋgl̩d 'sʌmwən ˋaut | ən 'meid ə ˋreis əv it. ‖ ˇðis wʌn, | əz 'iːtʃ 'dɑːnsə 'fluː pɑːst iz ˌhed, | wud ˊluk, | ən 'get ˌredi | wið ə 'lʌmbəriŋ 'skreip əv iz ˌfiːt, ‖ ən ˇðen ˌsei tu imˌself |

6

"'tuː ˌleit", | ənd 'luk ˋʃiːpiʃ | ən 'staːt əˋgen. ‖ 'nau ðə 'daːnsəz
ˋsloud ðɛə ˌspiniŋ | ənd 'staːtid tə ˋplei ðə ˌbul. ‖ 'fəːst ˌwʌn |
ən 'ðen əˌnʌðə | wud 'pɔːz til ðeid ˌdrɔːn him, ‖ ðen ˋskim | ɔː
ˋswei | 'aut əv hiz ˌpɑːθ ‖ ənd 'liːv him fə ðə ˌnekst. ‖ ðə 'mɔː
'dɛəriŋ ðə 'daːnsəz ˅ɑː, ‖ ðə ˋmɔː ðei ˅wəːk ðə ˌbul, ‖ ðə 'betə
fə 'ðem in ði 'end. ‖ ˋhiːz ðə ˅strɔŋgə; ‖ bət 'hiːz ˋwʌn | tə 'ðɛə
·fɔː ˋtiːn. ‖ hiː 'mei 'taiə ˅fəːst, if ðei ˌˌkiːp im ˌæt it. ‖

'sou it went ˌɔn, | til ðə 'fəːst 'edʒ wəz ˌɔf im, ‖ ənd hiː 'siːmd
tə 'sei, | "'aːftər ˋɔːl, | 'huːz ˋpeiiŋ mi fə ˌðis?" ‖ 'ðen ðə
kə'rinθiən | 'ræn 'raund tə ˌfeis im, | ənd ˌheld aut 'bouθ
ˌɑːmz; ‖·ən ðə 'səːkliŋ ˌstɔpt. ‖

hiː ˌræn 'smuːðli ˌʌp tə ðə ˌsʌlən ˌbul. ‖ it wəz ðə 'liːp ai həd
'siːn ˋɔfən in ðə ˌbul ·kɔːt. ‖ bət ˅ðæt | wəz ə ˋʃædou; ‖ ˅nau, | hiː
hæd ə 'liviŋ ˋθiŋ tə ˌdaːns wið. ‖ hiː 'graːspt ðə ˌhɔːnz, | ənd
'swʌŋ 'ʌp biˌtwiːn ðəm, | 'gouiŋ ˌwið ðə ˌbul; ‖ 'ðen hiː 'sɔːd
ˌfriː. ‖ ðə ˌbiːst wəz 'tuː ˋstjuːpid | tə ˅bæk ənd ˅weit fə him. ‖
it 'trɔtid ˋɔn, wen it ˌˌfelt im ˌgɔn. ‖ hiː 'təːnd in ˌɛə, ‖ ə 'kəːv |
əz 'lʌvli əz ə 'bent ˌbouz, ‖ ənd ɔn ðə 'brɔːd ˌbæk | hiz 'slim
'fiːt | 'tʌtʃt 'daun təˌgeðə; ‖ 'ðen ðei 'spræŋ ˌʌp əˌgen. ‖ hiː
'siːmd ˋnɔt tə ˌliːp, | bət tə 'hæŋ əˋbʌv ðə ˌbul, | laik ə ˋdrægən-
flai | 'ouvə ðə ˌriːdz, ‖ wail it 'ræn 'aut frəm ˋʌndə him. ‖ 'ðen
hiː keim 'daun tu ˌəːθ, | 'fiːt ˋstil təˌgeðə, ‖ ənd 'laitli 'tʌtʃt ðə
'kætʃəz ·hændz wið ˌhiz, ‖ laik ə si'vilətiˌ; ‖ hiː hæd ˅nou ·niːd
əv ˅stediiŋ. ‖ 'ðen hiː 'daːnst ə'wei. ‖ ðɛə wəz ə 'dʒɔiəs ˌskriːmiŋ |
ən ˌkuːiŋ | frəm ðə ˌbəːd·triː, ‖ ənd 'ʃauts frəm ðə ˌmen. ‖ ˋæz
fə ˅miː, | ai 'stretʃt in ˌsiːkrət | mai 'rait 'hænd ˌəːθwədz, ‖ ənd
'wispəd ʌndər 'ɔːl ðə ˌnɔiz, ‖ "'faːðə pəˌsaidɔn! ‖ 'meik ˌmiː
ə ˌbul ˌliːpə!" ‖

ðə 'daːnsəz 'səːkld əˌgen. ‖ ə ˋgəːl | 'pɔːzd ɔn ˌtiptou, | 'ɑːmz
ˌliftid, | 'pɑːmz autˌspred; ‖ ən əˋreibiən, | ðə 'kʌlər əv ˌdɑːk
ˌhʌni, | wið 'lɔŋ 'blæk ˌhɛə. ‖ ʃiː wəz 'streit əz ə ˌspiə, | wið ðə
'kæridʒ əv 'wimin | 'juːst tə 'kæri ðɛə 'bəːdŋz ɔn ðɛə ˌhedz; ‖
'big 'disks əv ˌgould | 'hʌŋ frəm həːr ˌiəz | ənd 'θruː 'bæk ðə
ˌsʌnlait. ‖ ˅sʌmtaimz | in ðə ˅bul ˌkɔːt | ai həd 'siːn həː 'wait

7

'tiːθ ˌflæʃiŋ. ‖ ʃiː wəz ə ˈhɔːti, | ˈmɔkiŋ ˌgəːl, ‖ bət ʃiː lukt ˈgreiv ˌnau, | ən ˈpraud. ‖

ʃiː ˈgrɑːspt ðə ˌhɔːnz, | ən ˈprest ˌʌpwəd. ‖ pəˈhæps ˈsʌmθiŋ həd biːn ˈgouiŋ ˈɔn | in ðə ˈbulz ˈdʌl ˌmaind; ‖ ɔː pəˈhæps həː ˈbæləns | wəz ˈles ˈtruː ðən ðə kəˌrinθiənz. ‖ inˈsted əv ˈtɔsiŋ ˈʌp hiz ˌhed, | hiː ˈʃuk it ˈsaidweiz. ‖

ðə ˈgəːl ˈfel əˈkrɔs hiz ˌfɔred. ‖ jet ʃiː həd sʌmhau ˈkept həː ˈhould əpɔn ðə ˌhɔːnz. ‖ ʃiː ˈhʌŋ ɔn ðəm ·laik ə ˈmʌŋki, | ˈraidiŋ ðə ˈbulz ˌnouz, | həː ˈfiːt ˈkrɔst ɔn hiz ˌdjuːləp. ‖ hiː ˈstɑːtid tə ˈrʌn | ˈraund ən ˌraund, | ˈʃeikiŋ iz ˌhed. ‖ ai ˌhəːd ə ˈdiːp ˈmʌtə frəm ðə ˌmenz ·siːts, ‖ ən frəm ðə ˇwiminz | ə ˈhai ˈbreθləs ˈtwitəriŋ. ‖ ai ˈlukt ˈʌp ət ðə ˈpiləd ˌʃrain. ‖ bət ðə ˈgouldən ˈgɔdis | ˌsæt ʌnˌmuːviŋ, | ənd həː ˈpeintid ˈfeis wəz ˌstil. ‖

ðə ˈdɑːnsəz ˈswuːpt əˌbaut, | ˈklæpiŋ ðɛə ˈhændz | ən ˈflipiŋ ðɛə ˈfiŋgəz | tə kənˈfjuːz ðə ˌbul. ‖ jet ˈai ·θɔːt it wəz ˈmoustli ˈʃou | ən ðei ˈkud əv ·dʌn ˈmɔː. ‖ ai ˈhæməd wið mai ˌfist | ˌˌmʌtəriŋ ˈˈniərə! | ˈniərə!ˈˈ ‖ til ðə ˇnekst ˌjuːθ ˌsed tə miː, | ˈˈˈkiːp jɔː ˌˌhænz tə jɔːˌself, ·heliːnˈˈ; ‖ ai əd biːn ˈbiːtiŋ im ɔn ðə ˈniː. ‖ ˈˈhiːl ˈhæv əːˈˈ ai ˌsed. ‖ ˈˈhiːz ˈgouiŋ tə ðə ˈbæriə | tə ˈbiːt əː ˈɔf.ˈˈ ‖ ðə ˈjuːθ ˈmʌtəd, | wið iz ˈaiz əpɔn ðə ˈriŋ, | ˈˈˌjes; | ˌjes; ‖ ðei ˈwount gou ˈin fər əː. ‖ ʃiːz bin ˈinsələnt | ən ˈmeid ˈenəmiz.ˈˈ ‖ ðə ˈbul wəz ˈtraiiŋ tə ˈfaind ðə ˌbæriə, ‖ bət ðə ˈgəːlz ˈlɔŋ ˈhɛə wəz in hiz ˌaiz, | ənd ʃiː ˌkept ˈtwistiŋ həː ˈʃouldəz | tə ˈblaind him. ‖ ai ˈsed | ˈaut əv ˈbreθ, ‖ ˈˈðə kəˈrinθiən, ‖ ˈkɑːnt ˌhiː ·help?ˈˈ ‖ hiː ˈɑːnsəd | ˈliːniŋ ˈfɔːwəd in hiz ˌsiːt, ‖ ˈˈits ˌwəːk fə ðə ˈkætʃə, | ˈnɔt ðə ˇbul-ˌliːpə. ‖ ˈwai ˈʃud iː? ‖ hiː ˈnevə ˆwəːkt wið ˌˌðis ˌˌtiːm biˌfɔː.ˈˈ ‖

ˈdʒʌst əz hiː ˌspouk, | ðə kəˈrinθiən ˈlept ˌfɔːwəd. ‖ hiː ˈræn ət ðə ˈbul | frəm its ˈleft ˌsaid, ‖ ən ˈkɔːt ðə ˌhɔːn | ənd ˈhʌŋ ɔn it | ˈswiŋiŋ. ‖ ðə ˇgəːl, | huːz ˇstreŋθ wəz ˇfiniʃt, | ˈdrɔpt ˌɔf | ənd ˈskræmbl̩d tə həː ˌfiːt | ənd ˈræn. ‖ biˇfɔː hiː ˌdʒʌmpt, | ai əd ˇsiːn ðə kəˌrinθiən | luk ˈswiftli ˌraund | ən ˌbekən. ‖ ðə ˇjuːθ biˇsaid mi | həd ˈlept tu iz ˌfiːt ‖ ənd wəz ˈʃautiŋ | in hiz ˈneitiv ˌtʌŋ, | witʃ ai ˈθiŋk wəz ˈroudiən; ‖ ai kəd ˈtel hiː wəz ˈkəːsiŋ. ‖

8

ai wəz ˈʃautiŋ maiˈself. ‖ ˬnouwʌn kən ˬlɑːst ˬlɔŋ əz ðə kəˬrinθiən ˌwɔz, | ʌnles ˈsʌmwən kʌmz ˈʌp | tə ˈpul ɔn ði ˋʌðə ˌhɔːn. ‖ hiː əd ˋkauntid ɔn ˌðæt; ‖ bət ˈnouwʌn həd ˆdʌn it. ‖

ˈwʌn əv ðə ˋjuːðz ˌkeim ˌˌrʌniŋ ət ˌlɑːst, | ənd ˈmeid əz if tə ˋliːp | ən ˋkætʃ ðə ˌhɔːn. ‖ bət ai kəd ˈtel it wəz frəm ˋʃeim, | ənd hiz ˈhɑːt wəz ˈnɔt ˌin it. ‖ sou hiː wəz ˈtuː ˋleit. ‖ ðə ˈbul ˋswəːvd frəm him | ən ˈput iz ˈhed daun ˌsaidweiz, | ən ˈskreipt ˌɔf ðə kəˌrinθiən | wið iz ˌfut. ‖ ˬðen ai ˌsɔː him | ˈraiz in ði ˈɛər əˋgen; ‖ bət hiː ˈsɔːd nou ˌlɔŋgə. ‖ hiː wəz ˈspiəd ɔn ðə ˌhɔːn, ‖ witʃ həd ˈpiəst hiz ˌmidrif, | ˈdʒʌst əbʌv ðə ˌbelt. ‖ ai ˈdount ˋnou if hiː ˌˌkraid ˌaut | ɔː ˋnɔt. ‖ ðə ˈdin wəz ˈtuː ˈgreit tə ˋhiə. ‖ hiː wəz ˈtɔst | ən ˈflʌŋ ˈdaun | wið ə ˈgreit ˈred ˌhoul in him. ‖ ðə ˌˌbul ˈtræmpḷd him, ‖ ðen ˈtrɔtid əˌwei. ‖ ðə ˈmjuːzik ˌsiːst. ‖ ðə ˈdɑːnsəz ˈstud ˌstil. ‖ ə ˈdiːp ˌsai | ənd ˌməːmə | ˌræn ˌraund ðə ˌgæləriz. ‖

From *The Once and Future King* by T. H. White

Although describing the mediaeval activities of jousting and tilting, this extract is written in a very lively and colloquial way; it is therefore transcribed in the Colloquial style.

ˈtiltiŋ ən ˌhɔːsmənʃip | hæd ˈtuː ɑːftəˈnuːnz ə ˌwiːk ‖ biˌkɔz ðei wə ðə ˌmoust imˈpɔːtn̩t ˈbrɑːnʃiz | əv ə ˈdʒentlmənz edʒəˋkeiʃn̩ in ˌðouz ·deiz. ‖ ˈməːlin ˋgrʌmbḷd əˌˌbaut æθˌletiks, ‖ ˌseiiŋ ðət ˬnauəˌdeiz | ˈpiːpḷ ·siːmd tə ˈθiŋk | ðətʃu wər ən ˈedʒəkeitid ˋmæn if ju kəd ˌˌnɔk əˌˌnʌðə mæn ˌˌɔf ə ˌhɔːs ‖ ən ðət ðə ˬkreiz fə ˬgeimz | wəz ðə ˈruin əv ˌskɔləʃip – ‖ ˋnoubədi gɔt ˌˌskɔləʃips laik ðei ˌˌjuːs tə duː wen ˌhiː wəz ə ·bɔi, ‖ ən ˈɔːl ðə ˌpʌblik ˈskuːlz | əd bin ˈfɔːst tə ˈlouə ðɛə ˌstændədz – ‖ bət sər ˬektə, ‖ huː wəz ən ˈould ˬtiltiŋ ˌbluː, ‖ sed ðət ðə ˈbætl̩ əv ˬkresi | həd bin ˈwʌn | əpɔn ðə ˈpleiiŋ ·fiːldz əv ˌkæməlɔt. ‖ ˬðis meid

ˇmɑːlin | 'sou ˇfjuəriəs | ðət iː 'geiv sər 'ektə ˋruːmətizm̩ | 'tuː 'naits ˌrʌniŋ | biˌˌfɔːr iː riˌlentid. ‖

'tiltiŋ wəz ə 'greit ˋɑːt | ən 'niːdid ˋpræktis. ‖ wen 'tuː 'naits ˇdʒaustid | ðei ˋheld ðɛə ˋlɑːnsiz in ðɛə ˇrait ˌhænz, ‖ bət ðei dəˋrektid ðɛə ˇhɔːsiz ət ˌwʌn əˌnʌðə | sou ðət 'iːtʃ ˌmæn | hæd iz əˇpounənt | ɔn iz ˋniə ˌsaid. ‖ ðə ˇbeis əv ðə ˌlɑːns, in ˌfækt, | wəz ˌˌheld ɔn ði ˇɔpəzit ˌsaid əv ðə ˌbɔdi | tə ðə 'said ət witʃ ði 'enəmi wəz ˋtʃɑːdʒiŋ. ‖ ˌˌðis siːmz ˌˌrɑːðər ˌˌinsaid ˋaut | tu ˋenibədi huːz in ðə ˇhæbit, ˌsei, | əv ˋoupniŋ ˋgeits wið ə ˇhʌntiŋˌkrɔp, ‖ bət it 'hæd its ˌriːzn̩z. ‖ fə ˇwʌn θiŋ, | it ˋment ðət ðə ˇʃiːld | wəz ɔn ðə ˋleft ˌɑːm, ‖ sou ðət ði əˇpounənts | ˌtʃɑːdʒd 'ʃiːld tə ˋʃiːld, ‖ 'fuli ˋkʌvəd. ‖ it ˋɔːlsou ˌment | ðət ə 'mæn kəd bi ʌnˌhɔːst | wið ðə ˋsaid | ɔːr ˋedʒ əv ðə ˌlɑːns, ‖ in ə ˌkaind əv 'hɔri'zɔntl̩ ˋswaip, ‖ if ju ˌˌdidn̩t fiːl ˌˌʃɔːr əv ˌˌhitiŋ im wið jɔː ˌpɔint. ‖ ˇðis | wəz ðə ˋhʌmblist | ɔː 'liːs ˋskilfl̩ˌblou in ˌdʒaustiŋ. ‖

ə ˇgud ˌdʒaustə, | laik ˇlɑːnslɔt | ɔː ˇtristrəm, | ˋɔːlwəz 'juːzd ðə 'blou əv ðə ˋpɔint, ‖ bikɔz, ɔːlˋðou it wəz ˋlaiəbl tə ˇmis in ʌnˌskilfl̩ ˌhænz, ‖ it 'meid ˋkɔntækt ˋsuːnə. ‖ if ˋwʌn nait ˋtʃɑːdʒd wið iz ˋlɑːns held ˋridʒidli ˇsaidweiz, | tə ˇswiːp iz əˌpounənt ˌaut əv ðə ˌsædl̩, ‖ ði ˇʌðə ˌnait | wið iz ˋlɑːns held diˋrektli ˇfɔːwəd ‖ wud 'nɔk im 'daun | ə ˋlɑːns leŋθ biˌfɔː ðə ˇswiːp keim ˌintu iˌfekt. ‖

'ðen ðə wəz 'hau tə ˋhould ðə ˌlɑːns fə ðə ˌpɔint ˌstrouk. ‖ it wəz ˋnou gud ˇkrautʃiŋ in ðə ˌsædl̩ | ən ˋklʌtʃiŋ it in ə ˇridʒid ˌgrip | priˋpærətri tə ðə ˋgreit ˇʃɔk, ‖ fər if juː ˋheld it inˇfleksibli ˌlaik ˌðis, ‖ its 'pɔint ˋbʌkt 'ʌp ən 'daun | tu 'evri 'muːvmənt | əv jɔː 'θʌndriŋ ˆmaunt ‖ ən ju wə ˋpræktikli ˇsəːtn̩ | tə 'mis ði ˆeim. ‖ ɔn ðə ˋkɔntrəri, ‖ ju ˌˌhæd tə sit ˋluːsli: in ðə ˌsædl̩ ‖ wið ðə 'lɑːns ˋiːzi | ən ˋbælənst | əgens ðə 'hɔːsiz ˋmouʃn̩. ‖ it ˋwɔznt əntil ði ˋæktʃul ˋmoumənt əv ˋstraikiŋ ðətʃuˌˌklæmpt jɔː ˌˌniːz intə ðə ˌˌhɔːsiz ˌsaidz, ‖ 'θruː jɔː ˋweit ˋfɔːwəd in ə ˌsiːt, ‖ 'klʌtʃt ðə 'lɑːns wið ðə ˋhoul ˌhænd | inˌsted əv wið ðə ˌˌfiŋgər ən ˌθʌm, ‖ ən 'hʌgd jɔː 'rait 'elbou tə jɔː ˋsaid | tə səˋpɔːt ðə ˋbʌt. ‖

THE ONCE AND FUTURE KING

ðɛə wəz ðə ˈsaiz əv ðə ˌspiə. ‖ ˈɔbviəsli | ə ˇmæn wið ə ˈspiə wʌn ˇhʌndrəd ˇjɑːdz ˌlɔŋ | wud ˈstraik daun ən əˈpounənt wið ə ˈspiər əv ˈten ɔː ˈtwelv ˇfiːt | biˈfɔː ðə ˇlætə | keim ˈeniwɛə ˈniər im. ‖ bət it wud əv bin imˈpɔsəbl̩ tə ˆmeik ə ˌspiə wʌn ˌhʌndred ˌjɑːdz ˌlɔŋ ‖ ənd, ˈif ˇmeid, | imˈpɔsəbl təˆkæriː it. ‖ ðə ˌdʒaustə ˈhæd tə ˈfaind ˈaut | ðə ˈgreitist ˈleŋθ | witʃ iː kəd ˈmænidʒ wið ðə ˈgreitis ˈspiːd, ‖ ən iː ˌhæd tə ˈstik tə ˈðæt. ‖ sə ˇlɑːnslɔt, ‖ huː ˌkeim ˇsʌm taim ˇɑːftə ˌðis paːt əv ðə ˌstɔːri, ‖ hæd ˈsevrəl ˌsaiziz əv ˌspiə ‖ ən wud ˌˌkɔːl fər iz ˈgreit ˈspiə | ɔːr iz ˈlesə ˌspiər | əz əˈkeiʒn̩ diˈmɑːndid. ‖

ðɛə wə ðə ˈpleisiz ɔn witʃ ði ˌenəmi ʃəd bi ˌhit. ‖ in ði ˇɑːməri əv ðə ˌkɑːsl̩ əv ðə ˌfɔris souˌvɑːʒ | ðə wəz ə ˈbig ˈpiktʃər | əv ə ˈnait in ˌɑːmə ‖ wið ˈsəːk|z | ˌraund iz ˈvʌlnrəbl̩ ˌpɔints. ‖ ˈðiːz ˇvɛərid | wið ðə ˈstail əv ˈɑːmə, ‖ sou ðətʃu hæd tə ˇstʌdi jɔːr əˌpounənt | biˇfɔː ðə ˌtʃɑːdʒ | ən siˈlekt ə ˈpɔint. ‖ ðə ˇgud ˌɑːmərəz – ‖ ðə ˇbest | ˌˌlivd ət ˈwɔriŋtən, | ən ˈstil liv ˌniə ðɛə – ‖ wə ˈkɛəfl̩ tə meik ˈɔːl ðə ˇfɔːwəd | ɔːr ˇentəriŋ ˌsaidz əv ðɛə ˌsuːts | ˈkɔnveks, ‖ sou ðət ðə ˇspiə ˌpɔint | ˈglɑːnst ˈɔf ðəm. ‖ ˈkjuəriəsli: iˇnʌf, | ðə ˇʃiːldz əv ˌgɔθik ˌsuːts | wə ˈmɔːr iŋˈklaind tə bi kɔŋˈkeiv. ‖ it wəz ˈbetə ðət ə ˈspiə ˈpɔint ʃəd stei ˈɔn ðə ˌʃiːld, | ˌraːðə ðn̩ ˈglɑːns ɔf ˇʌpwəd | ɔː ˇdaunwəd, ‖ ən ˈpræps ˈhit ə mɔː ˇvʌlnrəbl̩ ˌpɔint əv ðə ˌbɔdi ˌɑːmə. ‖ ðə ˈbes pleis əv ˇɔːl fə ˌhitiŋ ˌpiːpl̩ | wəz ɔn ðə ˈveri ˈkrest əv ðə ˈtiltiŋ ˌhelm, ‖ ˌðæt iz, if ðə ˈpəːsn̩ in ˈkwestʃən wə ˈvein inʌf tə hæv ə ˈlɑːdʒ ˇmetl̩ ˌkrest ‖ in huːz ˈfouldz ən ˈɔːnəmənts ðə ˈpɔint wud faind ə ˈredi ˇlɔdʒiŋ. ‖ ˈmeni ˈwəː ˌvein inʌf tə ˌhæv ðiːz ɑːˌmɔːriəl ˌkrests, ‖ wið ˌbɛəz | ən ˌdrægənz ‖ ɔːr ˈiːvn̩ ˈʃips | ɔː ˈkɑːslz ˌɔn ðəm, ‖ bət sə ˇlɑːnslɔt | ˈɔːlwəz kənˈtentid imself wið ə ˈbɛə ˌhelmit, ‖ ɔːr ə ˈbʌnʃ əv ˈfeðəz | witʃ ˈwudn̩t ˈhould ˈspiəz, ‖ ɔːr ɔn ˇwʌn əˌkeiʒn̩, | ə ˈsɔft ˈleidiz ˌsliːv. ‖

it əd ˌteik ˈtuː ˈlɔŋ tə ˌˌgou intu ˌˌɔːl ði: ˌˌintrəstiŋ ˌˌdiːteilz əv ˌˌprɔpə ˌtiltiŋ | witʃ ðə ˌˌbɔiz hæd tə ˌləːn, ‖ fər in ˇðouz ˌdeiz | ju ˌˌhæd tə bi ə ˇmɑːstər əv jɔː ˌkrɑːft | frəm ðə ˈbɔtəm ˇʌpwəd. ‖ ju ˌhæd tə nou ˈwɔt ˈwud wəz ˌbes fə ˌspiəz. | ən

11

ˈwai, ‖ ənd ˈiːvn̩ ˈhau tə ˈtəːn ðəm | sou ðət ðei ˈwudn̩t ˈsplintər | ɔː ˈwɔːp. ‖ ðə wər ə ˈθauzn̩ di‚‚spjuːtid ‚‚kwestʃənz əbaut ‚‚aːmz ən ‚aːmə, ‖ ˈɔːl əv ˈwitʃ hæd tə bi ˈʌndə‚stud. ‖

ˈdʒʌst autˇsaid sər ‚ektəz ˌkaːsḷ | ðə wəz ə ˈdʒaustiŋ ·fiːld fə ˈtuənəmənts, ‖ ɔːl‚ðou ðər əd bin ˈnou ˇtuənəmənts ‚in it | sins ˈkei wəz ˌbɔːn. ‖ it wəz ə ˈgriːn ˈmedou, ‖ ˈkept ‚ʃɔːt, ‖ wið ə ˈbrɔːd ˈgraːsi ˌbæŋk ‚reizd ‚raund it | ɔn ‚‚witʃ pəˈviljənz kəd biː i‚‚rektid. ‖ ðə wəz ən ˈould ˈwudn̩ ˈgrænstænd ət ‚‚wʌn ‚said, | ˈliftid ɔn ˈstilts | fə ðə ˌleidiz. ‖ ət ˇpreznt | ðə ˌfiːld wəz ˈounli ‚juːzd | əz ə ˈpræktis ·graund fə ˈtiltiŋ, ‖ sou ə ˈkwintein əd bin i‚‚rektid ət ‚wʌn end | ənd ə ˈriŋ ət ði ˈʌðə. ‖ ðə ˇkwintein | wəz ə ˈwudn̩ ˌsærəsn̩ | ɔn ə ˌpoul. ‖ hiː wəz ‚peintid wið ə ˈbrait ˈbluː ˈfeis | ənd ˈred ˌbiəd | ən ˈglɛəriŋ ˌaiz. ‖ hiː hæd ə ˈʃiːld in iz ˌleft ·hænd | ən ə ˈflæt ˈwudn̩ ˈsɔːd in iz ˌrait. ‖ if juː ˇhit im in ðə ˇmidḷ əv iz ˇfɔrid | ˈɔːl wəz ˈwel, ‖ bət if jɔː ˇlaːns ˇstrʌk im ɔn ðə ˇʃiːld | ɔːr ɔn ˇeni paːt tə ˇleft ɔː ˇrait əv ðə ˇmidḷ ‚lain, ‖ ðen iː ˈspʌn ‚raund | wið ˈgreit rəˈpidəti, ‖ ən ˈjuːʒḷi ·kɔːtʃuː ə ˈwɔləp wið iz ˈsɔːd | əʒ juː ˈgæləpt ˈbai, | ˈdʌkiŋ. ‖ hiz ˈpeint wəz ˈsʌmwɔt ˈskrætʃt ‖ ən ðə ˈwud ‚pikt ‚ʌp | ‚ouvər iz ˈrait ˈai. ‖ ðə ˇriŋ | wəz ˈdʒʌst ən ˈɔːdn̩ri ˈaiən ‚riŋ | ˈtaid tu ə ˈkaind əv ˈgælouz | bai ə ˈθred. ‖ if juː ˇmænidʒd tə ˇputʃɔː ˇpoint θruː ðə ˈriŋ, | ðə ˈθred ˈbrouk, ‖ ən ju kud ˈkæntər ˈɔf ˈpraudli | wið ðə ˈriŋ ·raund jɔː ˈspiə. ‖

ðə ˈdei wəz ˈkuːlə ðən it əd ‚‚biːn fə ‚‚sʌm ‚taim, | fə ði ɔːtəm wəz ɔːlmoust wi‚ðin ‚sait, ‖ ən ðə ˈtuː ˈbɔiz wər in ðə ˈtiltiŋ ‚jaːd | wið ðə ˈmaːstər ‚aːmərə | ən ˈməːlin. ‖ ðə ˈmaːstər ˇaːmərə, | ɔː ˈsaːdʒənt-ət-‚aːmz, | wəz ə ˈstif, | ˇpeil, | ˇbaunsi ˌdʒentḷmən ‖ wið ˈwækst mə‚staːʃiz. ‖ hiː ˈɔːlwəz ˈmaːtʃt əˈbaut | wið iz ˈtʃes stʌk ·aut laik ə ˈpautə ‚pidʒən, | ən iː ‚kɔːld aut ‚‚ˈɔn ðə ˈwəːd ˇwʌn—ˮ | ɔn ˈevri ˈpɔsəbḷ ə‚keiʒn̩. ‖ hiː tuk ˈgreit ˈpeinz | tə ˈkiːp iz ˈstʌmək ‚in, ‖ ən ˈɔfn̩ ˈtript ·ouvər iz ˈfiːt ‖ bikəz iː ˈkudnt ˈsiː ðəm | ˈouvər iz ˈtʃest. ‖ hiː wəz ˇdʒenrəli | ˈmeikiŋ iz ˈmʌsḷz ‚ripḷ, ‖ witʃ əˈnɔid ‚məːlin. ‖

ˈwɔːt ˈlei biˈsaid ‚məːlin | in ðə ˈʃeid əv ðə ‚grænstænd ‖ ən

ˈskrætʃt imˌself | fə ˈhɑːvist ˌbʌgz. ‖ ðə ˈsɔː-laik ˈsikļz | həd ˈounli ˈriːsn̩tli bin ˈput əˌwei, ‖ ən ðə ˈwiːt | stud in ˈstuːks əv ˈeit | əmʌŋ ðə ˈtɔːl ˌstʌbļ əv ˌðouz ˌtaimz. ‖ ðə ˈwɔːt ˈstil ˌitʃt. ‖ hiː wəz ˈɔːlsou ˇsɔːr | əˌˌbaut ðə ˈʃouldəz ‖ ən hæd ə ˈbəːniŋ ˈiə, | frəm ˌmeikiŋ ˈbɔʃ ˈʃɔts ət ðə ˈkwintein – ‖ fər, əf ˈkɔːs, | ˇpræktis ˌtiltiŋ | wəz ˈdʌn wi·ðaut ˈɑːmə. ˌ‖ ˈwɔːt wəz ˈpliːzd ðət it wəz ˌkeiz təːn tə ·gou ·θruː it ·nau, ‖ ən iː ˌlei ˈdrauziliː in ðə ˌʃeid, ‖ ˈsnuːziŋ, | ˈskrætʃiŋ, | ˈtwitʃiŋ ·laik ə ˌdɔg ‖ ən ˈpɑːtli əˈtendiŋ tə ðə ˌfʌn. ‖

ˇməːlin, ‖ ˇsitiŋ wið iz ˇbæk tu ˌɔːl ði æθˌletisizm̩, ‖ wəz ˈpræktisiŋ ə ˈspel witʃ iːd fəˈgɔtn̩. ‖ it wəz ə ˈspel | tə ˈmeik ðə ˈsɑːdʒənts məˈstɑːʃizˌʌnˌkəːl, ‖ bət ət ˇpreznt̩ | it ˈounli ʌnˈkəːld ˈwʌn ə ðəm, ‖ ən ðə ˈsɑːdʒənt ˈhædn̩t ˈnoutist it. ‖ hi ˈæpsn̩tˈmaindidli | ˈkəːld it ˈʌp əgen ˌˌevri ˌˌtaim ˌˌməːlin ˌˌdid ðə ˌspel, ‖ ən ˈməːlin sed, ˈˈˈdræt it!" | ən biˈgæn əˈgen. ‖ ˈwʌns iː ·meid ðə ˈsɑːdʒənts ˈiəz ˌflæp | bai miˈsteik, ‖ ən ðə ˇlætə | geiv ə ˈstɑːtļd ˈluk ət ðə ˈskai... ‖

...ðə ˈwɔːt ˈrʌbd iz ˈsɔːr ˌiər | ən ˌsaid. ‖

"'wɔt ə juː ˈgriːviŋ əˌbaut?" ‖

"ai ˇwɔzn̩t ˇgriːviŋ; | ai wəz ˈθiŋkiŋ." ‖

"'wɔt wə ju ˈθiŋkiŋ?" ‖

"ˌou, | it ˌˌwɔznt ˌeniθiŋ. ‖ ai wəz ˈθiŋkiŋ əbaut ˈkei ˈləːniŋ tə bi ə ˈnait." ‖

"ən ˈwel ˈjuːˆmei ˌgriːv", ikˌskleimd ˌməːliŋ ˌhɔtli. ‖ "ə ˈlɔt əv ˈbreinləs ˌjuːnikɔːnz | ˈswægeriŋ əˌbaut | ən ˈkɔːliŋ ðəmselvz ˌedʒəkeitid | ˈdʒʌs bi·kɔz ðei kən ˈpuʃ iːtʃ ·ʌðər ˌɔf ə ˈhɔːs wið ə ˈbit ə ˌstik! ‖ it ˈmeiks ˈmiː ˌtaiəd. ‖ wai, ai bəˈliːv sər ˈektə | wud ə bin ˈglædə tə get ə ˈbai-auə-ˈleidi ˈtiltiŋ ˌbluː fə jɔː ˌtjuːtə, ‖ ðət ˈswiŋz imself əˈlɔŋ ɔn iz ˈnʌkļz | laik ən ˈænθrəpɔid ˈeip, ‖ ˌˌrɑːðə ðən ə məˌˌdʒiʃn̩ əv ˌˌnoun ˌproubiti | ənd ˌˌintəˌˌnæʃn̩ļ repjəˌteiʃn̩ ‖ wið ˈfəːs-ˈklɑːs ˌɔnəz | frəm ˈevri juərəˈpiən juːniˌvəːsəti. ‖ ðə ˇtrʌbļ wið ðə ˇnɔːmən æriˇstɔkrəsi | iz ðət ðɛə ˈgeimz-ˆmæd, ‖ ˈðæts wɔt it ˌiz, ‖ ˈgeimz-ˆmæd." ‖

JOHN WAIN

From *The Contenders* by John Wain

The transcription here is in the Colloquial style but with some formal features to match the ironically inflated language used through most of the passage.

it wəz ə ˈwɔːm ˈsʌməriː ˌiːvniŋ, ‖ ən wen ai ˈgɔt tə ðə ˌtelifoun‧bɔks │ ðɛə wər ə ˈkʌpl̩ əv ˌtʃæps │ ˌstændiŋ ˈkwait kənˈtentidli aut ˌsaid it, ‖ wail ə ˬwumən ˇinsaid │ ˌstɛəd ˈræptli biˌfɔː hə, ‖ ˈhouldiŋ ði: ˈinstrəmənt tə həːr ˌiə. ‖ ai ˋdʒɔind ðəm │ ən wiː ˌstrʌk ʌp ˈkwait ə ˋfrendʃip, │ ˌˌdjuəriŋ ðouz ˌˌlɔŋ ˌˌminits ɔn ðə ˌpeivmənt. ‖ frəm ðə ˬweðə │ wi ˌpaːst ˌɔn tu ˈintə‧næʃn̩l̩ ˊpɔlətiks, ‖ iːkəˋnɔmik əˑfɛəz, ‖ ˋspɔːt ‖ ˉənd ˌægrikʌltʃə. ‖ ˬwʌn əv ðəm │ wəz ə ˋskɔtsmən, ‖ ən ˬhiː wəz ˌeibl̩ │ tu ˌˌæd vəˋraiəti │ ən ˋbretθ tu auə ˌlitl̩ simˌpouziəm ‖ bai ˌgiviŋ ðə ˈkærəkəˈristik │ ˈnɔːθ ˋbritiʃ ˌvjuː. ‖ ai biˈgæn tə ˈkwestʃən im ˋkiːnli │ əˌˌbaut ðə ˋnæʃnəlist ˌmuːvmənt, ‖ ən ðiː ikˌstent tə witʃ ˈhiː, ˬpəːsnəli, │ kənˌsidəd ˈhoum ˈruːl │ diˈzaiərəbl̩ │ ˉɔː ˌfiːzəbl̩. ‖ ˈnau ən əˊgen │ wiː ˈglaːnst ət ðə ˈwumən │ inˈsaid ðə ˌbɔks; ‖ ʃiː ˋdidn̩t ˑsiːm tə bi ˇtɔːkiŋ ˌmʌtʃ – ‖ if ʃiː ˬwɔz, │ wiː kəd ˋounli kəŋˇkluːd │ ðət ʃiː həd ˋləːnt ˑsʌm tekˋniːk │ əv ˈtɔːkiŋ wiˑðaut ˈmuːviŋ hə ˋmauθ; ‖ frəm ə venˋtriləkwist, nou ˌdaut. ‖ ˌˌðis led auə ˌˌdiskɔːs ˊnætʃərəli │ intə ðə ˌˌrelmz əv ˌˌentəˋteinmənt │ ən ði ˋaːts, ‖ auə kæliˇdounjən ˌfrend │ kənˌˌtribjutiŋ ə ˋspiritid diˌfens │ əv ðə trəˈdiʃnəl ˈsɔŋz ən ˊdaːnsiz │ əv hiz ˈneitiv ˋhiːθ. ‖ ˌwɔt ˌsaundid laik ə ˈpiːl əv ˋlaːftə │ ˈriːtʃt əs ˑθruː ðə ˌglaːs; ‖ mai ˋfelou ˇiŋgliʃmən │ səˌdʒestid ðət ðə ˋleidiz ˋʌnsiːn intəˇlɔkjətə │ mʌs bi ə ˈwiti ˑfelou inˋdiːd. ‖ ˋðis ˑstimjəleitid ˇmiː │ tu ə ˊʃɔːt kəmˈpærisn̩ │ əv ˇfæʃn̩z in ˌepigræm │ in auə ˇgrænfaːðəz │ ənd auər ˋoun ˌiːpɔks riˌspektivli; ‖ ai ˊkwoutid ‖ (frəm ˇmeməri │ bət, ai ˈtrʌst, ˇækjərətli) │ ə ˈfjuː əv ˈɔskə ˋwaildz ˌseləbreitid ˌdʒemz əv ˌwit ən ˌwizdəm, ‖ ənd ˈhaːtniŋ inˌdiːd │ wəz ðə ˈfræŋk, ˈmænli ˌlaːftə ðət ˌræŋ ˌaut. ‖ ˈtuː ˋbɔiz ˌnau ˌdʒɔind əs, ‖ ən wiː ˋmɔdifaid auə ˌˌkɔnvəˌseiʃn̩ │

sou əz tə 'briŋ `ðem wiˌðin its ˌɔːbit, | 'nau 'kwestʃəniŋ
ðəm əz tə ðɛə ´skuːl æk·tivətiz, ‖ 'nau iŋ'geidʒiŋ in remi'nisn̩s
əv auər `oun ˌkɛəfriː ˌjuːθ. ‖ 'æz ðə 'lɔŋ, 'gouldən 'iːvniŋ
'grædʒəli 'jiːldid | 'fəːs tə 'twailait | ən 'ðen tu ə 'diːp ˌdʌsk, ‖
θruː ˌwitʃ wiː kəd 'bɛəli di'səːn iːtʃ 'ʌðəz ˌfeisiz, ‖ wiː 'riː-
'livd | 'meni 'memərəbl̩ 'pæsidʒiz əv auə ˌlaivz, ‖ ən 'pleist
biˇfɔː ðiː ˌiːgə ˌlædz | ðə 'gɑːnəd 'ʃiːvz | əv auə 'lɔŋgər
ikˌspiəriəns. ‖

'sʌdn̩li ʌn'eibl̩ tə 'stænd it ·eni ˌlɔŋgə, ‖ ai 'went ˌʌp tə ðə
kiˌɔsk | ən `lent əˌgenst it, ‖ mai ´feis | ə 'fjuː 'inʃiz frəm ðə
ˌwumənz. ‖ ət ˇfəːst | ʃiː 'didn̩t `siː mi, ‖ ən ai wəz 'eibl tə 'stʌdi
həːr in`tentli ‖ 'æz, | 'ʃouldəz ´hʌnʃt, | ʃiː ˇheld ðə ˌtelifoun |
in ə 'tens ˌgrip | 'dʒæmd ə·genst həːr ˌiə. ‖ ˇpɔsəbli ·θruː
fəˇtiːg, | ʃiː `wɔzn̩t ˌstændiŋ, | bət `liːniŋ | `ridʒidli | ə'genst
ðə `wɔːl əv ðə ˌbɔks; ‖ ʃiː ˌlukt laik ə ˌroul əv 'frouzn liˇnouliəm |
in ðə 'hould əv ə ˇlainə. ‖ həːr ˌʌn'siːiŋ 'aiz | wə 'slaitli ˌreizd, | əz
if 'stɛəriŋ ət ən i'mædʒinəri həˌraizn̩. ‖ in ə ´flæʃ | ai 'njuː həː
ˌsiːkrət. ‖ ʃiː wəz 'wʌn əv 'ðouz ´wimin | huː ər 'ɔːl ˌsoul, ‖
'ɔːl 'faiər ən ˌreidʒəns. ‖ 'nʌθiŋ kud ə'sweidʒ | ðæt 'waild 'θəːst
fə 'bjuːti ən prə'fʌnditi | iksep ðə 'mɑːstə·piːsiz əv ðə 'greit
'rʌʃn̩ ˌnɔvlists. ‖ ´bʌt – | 'tʃaild əv ə 'hɑːʃ sivilai´zeiʃn̩, ‖
'siːsləsli di'naiiŋ ðə 'dʒenərəs 'impʌlsiz əv its ´piːpl̩ – ‖ ʃiː həd
ˌˌnevə bin ˌˌtɔːt tə `riːd. ‖ sou 'iːtʃ ˌnait | ʃiː 'went tə ðə ˌtelifoun, ‖
ənd əː ˇkʌzn̩-in-ˌlɔː, ‖ ðə ˇwʌn wið ðə ˇstæmə, ‖ red əː 'hɑːf
ə 'dʌzn̩ 'tʃæptəz əv 'dɔstɔiˌefski. ‖

ə'fleim wið 'nɔlidʒ ən 'simpəθi, | ai 'flʌŋ 'oupən ðə 'dɔːr əv
ðə ˌbɔks. ‖ bət biˇfɔːr ai kəd ·faind ˇwəːdz tə ˇtel əː ðət ai ˇnjuː
əː ˌsiːkrət | ən ðət it wəz ˇseif wið ˌmiː, ‖ ðə 'wumən ·put ðə
'telifoun | 'bæk in its `rest. ‖

"ai ˌˌkɑːnt get `θruː", ʃiː sed ˌwʌndəriŋli. ‖

'æz wiː ˇstɛəd ət iːtʃ ˌʌðə, ‖ 'wʌn əv ðə 'weitiŋ ˌbɔiz | 'puʃt
iz 'wei 'intə ðə ˌbɔks | ən 'prest 'bʌtn̩ ˌbiː, ‖ ðə wəz ə 'laud
`ræːtl̩ | əz ðə 'kɔinz ðə 'wumən əd inˇsəːtid | wə 'spæt ˌaut əv
ði ˌæpəˌreitəs. ‖ it wəz ˆtruː. ‖ ʃiːd 'stud in ðə ˌbɔks | til əː

'fiːt əd 'spleid 'aut laik ə ˌbəːdz | ən ˌnevə ˌhəːd 'wʌn ˌwəːd. ‖ ai 'traid tə `spiːk | bət 'nʌθiŋ wud ˌkʌm. ‖

"'giv əː 'bæk 'ðæt ˌmʌni", sed ðə ˌskɔtsmən, | əˌpiəriŋ ˌsʌdn̩li ət mai ˌbæk. ‖ ðə ˇbɔi, ‖ ˌaːftə ˌwʌn 'kwik 'glaːns 'raund fər iz 'misiŋ kəmˌpænjən, ‖ 'sivl̩i 'hændid ðə 'leidi | həː 'θriː ˌpeniz, | ən 'tuk im·self ˌɔf. ‖

"`nau, | if ˇsʌmbədi əl ·staːt ˇtelifouniŋ ", | ðə ˌˌskɔtsmən went ˌɔn. ‖ hiː 'siːmd tə bi ·lukiŋ ət `miː; ‖ it ˇwɔznt mai ˇtəːn, | bət ai ˇhæd tə ·meik ˇsʌm ˌmuːv, | ən 'ðis wəz əz 'gud ə wʌn əz `eni. ‖ ðə 'wumən ·wɔːkt 'stifli ˌpaːst mi, ‖ ən ai 'stept intə ðə ˌbɔks | ən 'klouzd ðə ˌdɔː. ‖ ə 'moumənt ˌleitə, | 'rɔbəts `hæmpstid ˌnʌmbə wəz ˌriŋiŋ. ‖ ən it wəz ˇounli ˇðen | ðət ai `riəlaizd ˌsʌmθiŋ. ‖

ai hæd ˇnou aiˇdiə | 'wɔt ai wəz ·gouiŋ tə ˆsei.

From *Eating People is Wrong* by Malcolm Bradbury

This extract, mainly a duologue between two young people, is given entirely in the Colloquial style and rather towards the familiar end of the range.

'wʌn 'dæmp, 'reini ˌdei | 'emə ri'təːnd 'houm frəm 'fiːdiŋ səm ˌpidʒənz | tə ˌfain ˇpuə ·misiz ˇbiʃəp | in ə ˌsteit əv kən'sidrəbl̩ ˌʌpset. ‖ "ðəz biːn ə 'naːsti `mæn hiə ðəs ˌˌaːftəˌnuːn", sed ·misiz ·biʃəp, ‖ "ən iːz 'ʌp in 'jɔː `ruːm | ən iː 'wouŋk kʌm `aut. ‖ ai dounou ˇwɔt iːz bin ˇduiŋ. ‖ 'aiv bin 'stændiŋ ɔn ðə 'steəz | 'ʃautiŋ ` faiə!' | bət 'iːvn̩ `ðæt ˌdʌznt ˌsiːm tu ˌwʌriː im." ‖

"nau, 'dount `wʌri sou ˌmʌtʃ, misiz ˌbiʃəp", sed ˌemə, ‖ ˇnɔt ə ˇlitl̩ ˌwʌrid | həː`self. ‖ "did iː 'sei huː iː ˌwɔz?" ‖

"wəl, iː 'sed iː wəz ə ˇfrend əv ˌjɔːz, | bət iː ˇdidn̩t ˇluk laik it tə ˇmiː, ‖ ən aiv ˇnevə ˇsiːn im ·hiə biˇfɔː", sed ˌmisiz ˌbiʃəp. ‖ "hiː wəz `tɔːl | ən `fraitniŋ | ən ˇveri | ˇʌgli ‖ ən iz 'kout `kɔlə wəz ˌtəːnd ˌʌp, | ən iː hæd ə 'fɔrən 'blæk `berei ɔn. ‖ ðə wə

ˈgreit ˈbig ˈdrɔps əv ˌrein | ˈdripiŋ ·ɔf iz ˌiəz. ‖ ˇðen | wen ai ˈoupn̩d ðə ˇdɔːr ə ˌkræk, | hiː ˈpuʃt it ˈwaid ˌoupn̩ | ən ˈstept inˆsaid ‖ ən sed if iː ˇstud aut ˇðɛər in ðə ˇrein əˇnʌðə ˇminit | iːd ˈget njuːˈmounjə, ‖ ən iː ˈwɔntid tə ·drai ˋɔf, | ən iː ˈɑːst fə ˋjuː ˌðen. ‖ sou ˇai sed | ju wər ˋaut ‖ ən ˇhiː sed | hiːd gou ˋʌp tə jɔː ˌruːm | ən ˈweit | ən ˈdrai iz ˋklouz." ‖

ˈemə ˈrʌʃt ʌpˌstɛəz. ‖ "ˇmaind", kraid ˌmisiz ˌbiʃəp. | " hiː ˈmait bi ˋneikid." ‖ ʃi ˈθruː ˈoupn̩ ðə ˌdɔːr, | ən ˇðɛər, | in ˈfrʌnt əv ðə ˈgæs ˌfaiə, | ə ˈplæd ˌrʌg ˈraund iʒ ˈʃouldəz, ‖ sæt ˈlui ˌbeits. ‖ "ˈwɔt djə θiŋk ˋjuːv bin ˌduiŋ?" diˌmɑːndid ˌemə. ‖ ˇlui, | huː əd ˌkʌm ikˋspresli tə siˇdjuːs əː, ‖ wəz ə ˈlitl̩ ·teikən əˋbæk. ‖ ˋlukiŋ at it frəm ˇhiz ˌpɔint əv ˌvjuː, | ju kəd ˋʌndə-ˆstænd iz ˌdisəˌpɔintmənt; ‖ it wəz ˇnɔt | ə ˈprɔmisiŋ biˋginiŋ. ‖

fə ˈwiːks ˌnau | ˈlui əd kəˌvɔːtid wið ˌlʌv. ‖ ˈdei ɑːftə ˌdei | hiːd ˈsəːtʃt ði ·juːniˌvəːsti | fr əˈnʌðə ˈglimps əv ˌemə — ‖ ˈpiəriŋ intə ˌlektʃə-rumz, ‖ ˈskautiŋ sistəˈmætikli əˋlɔŋ ˌkɔridɔːz, ‖ ˈhɔvriŋ aut·said ðə ˈwiminz ˋlævətriz | ət strəˈtiːdʒik ˌtaimz. ‖ hiːd ˈritn̩ əː ˋletəz. ‖ hiːd ˈstɔpt ˋwəːkiŋ. ‖ it əd disˈɔːgənaizd iz ˌlaif. ‖ hiː kəd ˈliv wið it ˈnou ˌlɔŋgə; ‖ hiː ˈhæd tu ˌækt. ‖ ˈwen iː ˈlukt intə ðə ˌmirər ·iːtʃ ·mɔːniŋ, | əz iː ˈʃeivd əˈraun ðə ˈkɔntuəz əv ˈiːtʃ ˌtʃiːk, ‖ hiːd biːn ˈbreiviŋ imˈself ˋʌp tu ˌɔːl ˌðis; ‖ hiː ˇhɑːf ikˋspektid tə ˇfaind, ˌwʌn ˌmɔːniŋ, | ə ˋdifrənt ˌfeis ðɛə, ‖ ðə ˋfeis | əv ˈlui ðə ˌlʌvə, ‖ ˈlui ðə siˌdjuːsə, ‖ ðə ˈfreʃ, | tʃəˇruːbik ˌfeis | əv ə ˈjʌŋ ˈmæn | wið ˈspɑːkliŋ ˈaiz | ən ˈʃainiŋ ˌtiːθ. ‖ əˈlæs, | it wəz ˈɔːwiz ðə ˌseim ˌfeis, | ˈlɔŋ ən ˌgɔːnt, | ðət ˌmet iz ˌluk; ‖ ən it ˈwɔzn̩t ˋfɛə, fə ˈðis wəz ə ˈnjuː ˌlui, ‖ ən ikˋstrævəgənt, | ˋpæʃnət ˌlui, ‖ ˈduiŋ ·njuː ˌθiŋz, ‖ ˈθiŋkiŋ ·njuː ˌθɔːts. ‖ ˈiːtʃ ˌmɔːniŋ | hiː ˋgeizd | ət ðə ˈsɔləm, ˈholou ˈfeis | ðət ˈpiəd ˈbæk ət im frəm ðə ˌmirə, ‖ ˋsmaild ət it, ‖ ˋtiːzd ən ˋtemptid it, ‖ „sed tu it, " ˌemə, | ˌemə, | ˌemə". ‖ bət it ˈdidn̩t ˈsiːm tə ˈget ðə ˈpɔint əˆtɔːl. ‖ ən ˇnau ðət ʃi wəz ˇsitiŋ biˇfɔːr im, ‖ ˇnɔt ə ˇfikʃn̩, | bət ə ˇriəl ˇkriːtʃə, ‖ ðə „mɔː diˇzaiərəbl̩, | bət ðə ˇles əkˇsesəbl̩, ‖ hiz ˈdɛəriŋ ˋfɔltəd. ‖ „hau did wʌn ˋduː it? ‖ ˈwud ʃi ˈmaind if iː ˈlept ˋʌp | ən ˈhiːvd ər intə ðə ˌbed-rum ‖ ˈstripiŋ ɔf əː ˈklouz əz ðei ˌwent? ‖ jet iː kəd ˈliv wið it nou ˇlɔŋgə; ‖ hiːd ˌkʌm tu ə ˌkaind əv ˈdespəˋreiʃn̩, ‖ ən ˇhæd, | ˇsʌmhau, | tu ˋækt. ‖

"ai ˈhæd tə ˌsiː ju", hi ˌsed. ‖ "ai ˈkɑːnt liv wi ˋðautʃu." ‖
ˈemə went tə ðə ˌdɔːr | ən ˈʃautid ˈdaunˌstɛəz: | "its ˈɔː ˌrait, ·misiz ·biʃəp, | its ˈsʌmwən ˌai ˋnou." ‖ ðen ʃi riˈtəːnd tə ˌlui. ‖
"ju ˋfraitn̩ ˌˌmisiz ˌbiʃəp | ˈaút əv əː ˋwits; ‖ ˈdidʒu ˌnou?" ‖
"ˋwai?" diˌmɑːndid ˌlui. ‖ "ai ˌˌdidnt ˌduː eniθiŋ." ‖
"ˈkʌmiŋ ˈstɔːmiŋ intə ðə ˌhaus ·laik ·ðæt, | ən ˈweitiŋ im ˈmai ˈruːm wen aim ˈnɔt ˌhiə. ‖ ˉju ˌˌsimpli ˌˌdount ˋduː ˌθiŋz laik ˌðæt." ‖
"ˋwai ·simpli ˆdountʃu?" diˌmɑːndid ˌlui səˌtirikli. ‖ "ai wəz ˋsoukiŋ ˌwet. ‖ ai hæv ə ˈwiːk ˌtʃest. ‖ ən ai ˈhæd tə ˋsiː ju. ‖ ai ˋkɑːŋk gou ˌˌɔn laik ˌðis. ‖ ai ˌkɑːnt ˋwəːk. | ai ˌˌkɑːnt ˋiːt. | ai ˈθiŋk əbaut ˋjuː ˌɔːl ðə ˌtaim." ‖

"ai ˋkɑːnt θiŋk ˇwai", sed ˌemə. ‖ "ju ˈhɑːdli ˆnou mi; | its ˋsili." ‖ ʃi ˈwent ˈouvə tə ðə ˌwindou | ən ˈlukt ˌaut; ‖ ðə ˇweðə ˌðæt ˌdei | əd biˌkʌm ˌwaildər | əm ˌˌmɔː ˌblʌstəri; ‖ ˋrein | ˈbaunst in ðə ˌstriːts | ən ˈdript frəm ðiː ˈiːvz əv ˌhauziz; ‖ biˈdrægl̩d ˌdɔgz | ˈsæt in ˌdɔːweiz. ‖

"aiv ˈtʃeinʒd kəmˌpliːtli. ‖ aim ə ˈnjuː ˌpəːsn̩", sed ˌlui. ‖ "aim ˋtaiəd, ˌnau, | əv ˌˌsteiiŋ inˌdɔːz | əŋ ˌˌkɔntəm ˌˌpleitiŋ mə ˌneivl̩. ‖ ai ˈwɔn tə get ˋaut ..." ‖

"əŋ ˈkɔntəmpleit ˈʌðə ˌpiːpl̩z?" ɑːst ·emə. ‖
"ˋjes, ðen", sed ˌlui. ‖ "ˋluk. | ˈdount ai ˌmætə tə ·juː?" ‖
"its ˋveri ˇflætriŋ, əf ˌkɔːs, | ən aim ˆgreitfl̩." ‖
"ˌluk, | aim ə ˈhjuːmən ˋbiːiŋ, jə ˌnou", sed ˌlui. ‖ "ai ˋniːd ˌlʌv | laik ˈevriwən ˋels. ‖ ˈjɔːr in ˋvɔlvd in ˌðis; ‖ ju ˋkɑːnt ˌˌdʒʌs ˌˌθrou ðiː ˌˌisjuː əˌsaid. ‖ ˈwɔt ə jə ·gouiŋ tə ˋduː əˌbaut it?" ‖
"ˈlets hæv sm̩ ˌtiː", sed ˌemə. ‖
"ˌluk. | ˈðis hæs tə bi ˈteikn̩ ˋsiəriəsli", sed ˌlui. ‖ "ai ˈdount θiŋk ˈpiːpl̩ nou ˋhau tə ˌˌteik θiŋz ˌsiəriəsli ·eni ·mɔː. ‖ ðə ˌwəːldz ə ˈgreit ˈbig ˌdʒouk; ‖ ðei ˌˌwɔnt ə ˌlɑːf, | ə ˈbit əv əˌmjuːzmənt, | ən ˈnɔt tu ˌwʌri əbaut ˌeniθiŋ. ‖ bət ˇjuː ˌɑːnt ˌlaik ˌðæt." ‖

"'hau dju ˆnou?'' ɑːst ˌemə. ‖
"aj ˋduː nou. ‖ ən 'nɔːr əm ˋai. ‖ ai kən ˋɔfə ju ˌsʌmθiŋ. ‖ ˈaim ˈould i·nʌf | ən riˈspɔnsəbl̩ i·nʌf | tə ˋmæri; ‖ ˇaim nɔt ən ˇɔːdn̩ri ʌndəˌgrædjuət, | ˇpleiiŋ ət əˌfekʃn̩.'' ‖
"ˋpliːz ˌdount'', sed ·emə. ‖
"ai 'dount θiŋk ju 'riəlaiz mai… | ˋwel, | mai ˋfiːliŋz əˌbaut ˌðis. ‖ ˌemə…'' ‖
"ˌnou'', sed ˌemə. ‖ "ˌdount sei 'eni ˌmɔː.'' ‖
"bət aim 'ʃɔː wi kəd 'meik iːtʃ ·ʌðə | 'veri ˋhæpi'', sed ˌlui diˌspeəriŋli. ‖ ðə 'freiz 'rendəd it-self riˌdikjələs | in ði ˌɛə, ‖ fə ˌˌðis wəz ˋʃɔːli | wɔt 'lui did ˋnɔt hæv ðə ˌgift ɔv. ‖ "ai ɔfn̩ ˌˌθiŋk əbaut ˌmæridʒ'', hiː ·went ·ɔn, | ˌˌlukiŋ ət ðə ˌˌdɔː tə ðə ˌbed-rum. ‖
"ˆduː ju?'' ‖
"əf ˌkɔːs, ˇmous men | əv 'mærid bai ðə ˌˌtaim ðeiv ˌˌriːtʃt ˌmai eidʒ. ‖ aim ˇnɔt ə ˇjʌŋ mæn ˌeni ˌmɔː | bət mai ˋbækgraunz ˌˌrɑːðə ˌˌdifrənt frəm ˌmoust. ‖ 'aim ·wəːkiŋ ˋklɑːs, jə ˌsiː; | its 'mɔː ˋdifəklt fə ˌmiː. ‖ ə 'mæn 'niːdz tə bi ʌndəˋstud.'' ‖
"'sou dəz ə ˆwumən'', sed ˌemə. ‖
"ˋou ˌjes; | ai ˋnou'', sed ˌlui. ‖ "in ə 'difrənt ˋwei, ðou. ‖ bət ˇwɔt ai ˋmiːn ˇiz, | im ˇmai ˌklɑːs, | 'θiŋz ə ·nɔt ðə ˋseim. ‖ 'piːpl̩ dount ˋrekəgnaiz iːtʃ ˌʌðər in ðə ˌseim ˌwei. ‖ 'ðæts wai 'wəːkiŋ--klɑːs ˋnɔvl̩z ˌdouŋk kʌm ˌɔf, ‖ bikəz ðə ˇnɔvl̩ | iz sou ɔfn̩ əbaut 'wʌm ·pəːsn̩z 'sens əv əˋnʌðə, ‖ ðə 'rekəg'niʃn̩ əv ðɛər ˋentəti, ‖ bət wɛər ˇai ˌkʌm frɔm | wi 'dount igˋzist laik ˌðæt. ‖ bət ə ˇmæn laik məˇself, | wið ə ˇriːznəbl̩ əˇmaunt əv inˇtelidʒəns, ‖ bikəz ai 'riəli ˋduː hæv ˇðæt…'' ‖
"ai ˋnou'', sed ˌemə. ‖
"wel, ə ˇmæn əv ˇðæt ˌsɔːt | ˌˌniːdz ən̩ inˋtelidʒənt ˌwaif. ‖ hi ˌniːdz tə 'flʌriʃ əz ən indiˇvidjuəl, | if jə ˌˌsiː wɔt ai ˌmiːn. ‖ ˇnɔt tə bi səbˇdʒektid. ‖ hi ˌniːdz 'riəli tə bi ði: intəˈlektjuəli ˋdɔminənt ˌpɑːti: in ðə riˌleiʃn̩ʃip. ‖ hi 'niːdz ðə 'waif | tu ʌndəˋstænd | ən əˋgriː wið iz əˌliːdʒənsiz. ‖ ən ðez 'sʌmθiŋ ˋels.'' ‖

"də 'juː teik ˌʃugər?" aːst ·emə. ||
"'tuː ˌspuːnfulz. || mai ˋhelθ ˌizn̩t ˌgud. || ai hæv ə 'wiːk ˋtʃest. ||
ai niːd ə 'lɔt əv ˋlukiŋ ˌaːftə. || juˈ siː, | aim ˇfræŋk. || ənd ən
inˇtelidʒənt ˌwumən | 'dʌzn̩t hæv ə 'lɔt əv ˋtaim fə ˌðæt. ||
ˇsʌmtaimz | ai 'θiŋk aim laik 'wiljəm ˋbleik..." ||
" ˋjes, | ai ikˈspektʃu^duː", sed ˌemə. ||
"ən ðət aid 'laik tə 'mæri | ən ˊignərənt | bət ˇgud ˌwumən ||
huːd 'nou hau tə luk ˌaːftə mi, || ən uː, ˋpræps wud əˇgriː wið
mai əˌpinjənz | 'simpli biˋkɔz ðɛə ˌmain, || ən wud in'dʒɔi meikiŋ
'lʌv in ðə ˌgaːdn̩. || 'wɔt də ˌjuː θiŋk?" ||
" 'wɔt əbaut ˋlʌv?" aːst ˌemə. || "dəz ˊðæt entər ·intə jɔː
·skiːm əv ·θiŋz?" ||
"wel, ˌjes", sed ˌlui. | "'lʌvz ə ˌprɔbləm, || bət wʌn 'ɔfn̩
'lʌvz | ðə 'sɔːt əv 'pəːsn̩ wʌn ˋwiʃiz tu. || its ə ˇprɔbləm, | bət
ai 'θiŋk aiv ˌsɔlvd it." || hiː ˌnɔdid | ˌsɔləmli ˌæt əː, || ən iz
'miːniŋ wəz ·ʌnmiˌsteikəbl̩; || 'ɔːl ·luiz 'miːniŋz ^wəː. ||
ʃi ˇlukt ət im, | ən ˌwʌndəd 'wai iː riˌvoultid əː sou ˌmʌtʃ. ||
ʃi ˋhæd tu ədˇmit | ðət it 'dʒʌst 'wɔzn̩t ˌfɛə. || bət ðə ˇwəːr, it
ˌsiːmd, | ˇsʌm ˌpiːpl̩ | tə ˌhuːm wʌn 'nevə ^kud biˌfɛə, || huːm
wʌŋ kəd 'nevə ·teik ˌsiəriəsli, | hauˈevə ˌdʒenrəs wʌn ˌwiʃt tə
ˌbiː. || biˈkɔz əv 'sʌm grouˌtesknəs, || ɔːr ə 'simpl̩ 'læk əv^tʃaːm, ||
wʌn 'didn̩t əˈlau ðəm ðə 'djuːz | ðət wʌn ˋgraːntid tə ˌˌpiːpl̩
wʌn ˌnjuː. || ʃi 'hæd tə ˇrekəgnaiz | ðət ˇlui hæd ˌsʌtʃ ə ˌpleis | in
ˋhəː ˌskiːm, || ən ðət ʃi 'didn̩t nou 'hau tə ˋhændl̩ im. || ˇnau, | əz
iː biˌˌkeim ˇsʌplikənt, || ə 'sɔːt əv ˋhɔrə ˌfel əˌpɔn əː. || hiː ˌsed
ðət ðe ˋwəː ˇprɔbləmz, | bət ðət ðei kəb biˈsɔlvd. || ˌˌlaif wəz
ˌˌnɔt ˋsimpl̩ || ən it wəz 'fɔli tu ikˈspekt ðæt ˌɔv it. || 'ʃiː wəz
əv əˈnʌðə ˋsteitəs | ən əˈnʌðə ˋklaːs. || 'ʃiːd wɔnt tu 'iːt in
ikˋspensiv ˌpleisiz | n̩ 'hiː ˇwudn̩t. || ʃiːd 'wɔnt ðɛə 'tʃildrən | tə
ˌgou tə 'pʌblik ˋskuːlz | n̩ 'hiː ˇwudn̩t. || bət wið 'gud ˌwil | ˌˌðis
kəd biˈsɔlvd. || "aim ˌlaik ðə 'pouit ˌkiːts", iː ædid. || "aim
ˌˌsəːtn̩ əv ˋnʌθiŋ | bət əv ðə 'houlinəs əv ðə 'haːts əˌfekʃn̩z. ||
ðə 'haːts əˌfekʃn̩z – | ˋðæts wɔt ˇai biˌliːv in." || 'ðæts ɔːl ^aim
ˌˌsəːtn̩ ɔv, θɔːt ˌemə, || bət biˋtwiːn wɔt ˇjuː miːn bai ˌðouz

əˌfekʃn̩z | ən wɔt ˇai duː ‖ ðez 'ɔːl ðə 'difrəns in ðə ˏwəːld, ‖ʇ ən 'trai tə ·sɔlv ˇðæt wʌn bai ˏgudˏwil! ‖ tə ˇjuː | its ə 'poultəs fə jə ˏtʃest, ‖ fə ˇmiː | its ðə moust in'tens əv ˏfrikʃn̩z, ‖ kən`sjuːmiŋ | ən `pjuərifaiiŋ | ən `tʃeindʒiŋ. ‖ ðə ˇhaːt didn̩t ˇmeik wʌn ˇhæpi – ‖ wʌn 'redʒistəd ðə 'biːt əv wʌnz `liviŋ ˏɔn it, ‖ 'hæpinəs `ænd ˏsædnəs, ‖ 'pein `ænd diˏzaiə. ‖ 'hau kəd iː ˏsei ðei wər əˏlaik? ‖ ðei wər ət ˏɔpəzit ˏˏpoulz əv ðə `wəːld. ‖ əʒ ʃi 'wɔtʃt iz ˏlips ·muːviŋ, | ˏklous tə həː, ‖ ðe ˏsiːmd ən i'mensiti əv ˏdistəns biˏtwiːn ðəm, ‖ əz ðou i ˏstud ət ðə 'faːr 'end | əv sʌm 'lɔŋ | bət di'stɔːtid pəˏspektiv. ‖

"aiv 'nevə ˇfelt laik ˏˏðis biˏfɔː", ·lui ·prest ·ɔn. ‖ "ˇpæʃn̩z hæpn̩ tə mi biˏfɔː; ‖ aim ə `mæn, | aːftər `ɔːl. ‖ bət ˇdʒenrəli | ai pri'fəːd tu ig`nɔːr it, ‖ tə get 'ɔn wið mai `wəːk." ‖ 'ðis wəz ·truː i`nʌf, ‖ it əd `ɔːwəz ·siːmd tə ˇlui | ðət ə ˏfʌndə`mentl̩ diˇzaiə tə teik ˇpoustl̩ ˏkɔːsiz ‖ wəz biːŋ `sʌblimeitid bai ˇʌðə ˏpiːpl̩ | intə `sekʃuəl ækˏtivəti; ‖ ðət `hiː wəz ət ðə ˇruːt əv ˏθiŋz. ‖ 'ɔːl ˇðis | wəz, in ə ˇsens, | 'sʌmθiŋ əv ə `kʌm-daun. ‖ hiː kəd əv ri'meind indi`pendənt; ‖ hiː ˏˏwudn̩t əv ˏˏlɔst iz ˏvout, ‖ ˏˏfuːd wud ˏˏstil bi ˏsəːvd im, ‖ ðe wəz ˇnou ˇriəl ˇekskə·mjuːniˇkeiʃn̩. ‖ bət iːd di'saidid | ðət ðis wəz 'nɔt iˏnʌf, ‖ ðət iː 'hæd tu ˏækt, ‖ get 'mikst `ʌp in ðə ˏwəːld. ‖ "aim `ɔv ðis ˏwəːld; ‖ ai ˇfiːl, ju ˏnou", hi ˏkraid. ‖ "ˇʌp tə ðə ˇtaim ai met ˇjuː | ai hæd ən ʌn'riəlaizd 'sens əv 'aisəˏleiʃn̩, ‖ wʌn ðət ai 'ounli pə'siːvd ət `paːtiz | ɔːr in ˇθiətəz. ‖ it 'hædn̩t `mætəd. ‖ bət 'ðen ai 'sɔː ˏjuː, | ət ðə 'prɔfs ˏpaːti, ‖ ən ai sed, "ˇðɛə, | `ðæts ðə ˏwʌn; ‖ 'get inˏvɔlvd. ‖ ˊlaif | iz `spendiŋ itˏself in iˏvents, | ˇnɔt wiθˇdrɔːiŋ ˏfrɔm ðəm.' ‖ it wəz 'sʌtʃ ə ˏtʃeindʒ ai ˏprɔmist maiˏself, ‖ `sʌtʃ ə ˏtʃeindʒ. ‖ 'ðis | ·meik ju `nɔːml̩, ai ˏsed." ‖

"ˏou, | ˏlui", sed ˏemə. ‖

"ai `douŋk ˏˏkleim tə bi ˏhænsəm | ɔː ˏtʃaːmiŋ. ‖ ai ik'spekt 'juː ˇlaik ðæt ˏsɔːt əv ˏθiŋ. ‖ bət ai 'hæv ˇʌðə ˏvəːtʃuːz. ‖ ˉaim ˏˏnɔt in ðə ˏˏpætn̩ əv ˏˏmɔdn̩ rəˏmæntik ˏlʌv; | bət ˏˏnɔːr ə `juː. ‖ 'juː ˇfiːl | bi'ɔn ði `ɔːdn̩ri – ‖ jɔː ˏˏlaik `miː." ‖

"'nɔt ˇyeri", sed ˌemə. ǁ "'nɔt ˇmʌtʃ ˌlaik ˌjuː." ǁ
lui 'lept tu iz ˌfiːt, ǀ 'puʃt biˈɔnd inˌdjuərəns. ǁ "ˌemə, ǀ wiə
'bouθ əˈdʌlt 'men ənd ˌwimin", hiː ˌsed. ǁ
"ai ˋnou ˌðæt", sed ·emə. ǁ
"'dountʃu 'evə 'θiŋk ə·baut ˌseks?" ǁ
"ˆjes", sed ˌemə. ǁ "ai ˋlaik it əz ə ˌsistəm." ǁ
"ˌemə", kraid ˌlui, ǀ 'gʌlpiŋ wið ˌterə, ǁ ət ði ˋæpədʒiː| əv iz
ˌkɔːtiŋ ˌplei, ǁ "'lets gou ən 'driŋk ðis 'tiː in ðə ˌbed-rum." ǁ
"ˌˌwɔt ˋfɔː?" sed ˌemə. ǁ
"'mai ˌgɔd! ǁ ˌwimin!" sed ˌlui; ǁ ˇsʌmtaimz ǀ ði 'ɔpəzit ˌseks ǀ
wə 'dʒʌs ˋtuː ɔpəzit fə ˌhim. ǁ hi 'went 'ouvə tə ðə 'bed-rum
ˌdɔːr ǀ ən 'went ˌin. ǁ 'pæntiz ǀ ən ˊnaitdresiz ǀ ˌlei in igˈzɔtik
əˈrei ǀ əˈbaut ðə ˌruːm; ǁ 'fæmli ˊfoutəˌgraːfs ǀ 'stud ɔn ðə
ˌdresiŋ ˌteibl̩; ǁ ɔn ˇwʌn ˌwɔːl ǀ hʌŋ səm 'pouskaːd riːprəˈdʌkʃn̩z ǀ
əv 'klæsik| ˌstætʃuəri; ǁ ɔn əˇnʌðər ǀ ə ˋsain, ǁ 'stoulən frəm
sʌm 'pʌblik ˌpleis. ǁ it sed, "'pliːz əˈdʒʌst jɔː 'dres bifɔː
ˌliːviŋ". ǁ ˌˌwɔts iː ˋduiŋ? ˌwʌndəd ˌemə. ǁ hiz 'hed 'pɔpt
'sʌdn̩li ·raun ðə ˌdʒæm ǀ ən, wið 'infinət ˇkʌniŋ in iz ˌvɔis, ǀ hiː
sed, "'kʌm in ˌhiə." ǁ
"ˌnou", sed ˌemə. ǁ
"ˉkʌm ˌɔn", sed ·lui. ǁ "ˋkʌm in ˌhiə." ǁ
"'juː kʌm in ˆhiə", sed ˌemər, ǀ "ən 'finiʃ jə ˆtiː." ǁ
"ˋpliːz ˌkʌm", sed ·lui. ǁ ðe wəz 'nou riˌplai. ǁ hiː 'pɔpt iz 'hed ǀ
'bæk intə ðə ˌbed-rum əˌgen. ǁ hiz 'vɔis ·keim əˋgen, ǁ əˇpærəntli ǀ
'tɔːkiŋ tu itˋself; ǁ "ˋgudnəs, its ˌlʌvliː in ˌhiər", it ·sed. ǁ ðe
wəz ə ˌpɔːz. ǁ ˇðen hiː ˌsed: ǁ "ail 'θrou ði əˋlaːm klɔk ˌaut ə ðə
ˌwindou ǀ if ʃi ˇdʌzn̩t ˌkʌm in ˌhiə." ǁ
"jul ˇpei fər it ǀ if jə ˇduː", sed ˌemə ˌwɔːmli. ǁ
"ˌdæm, ǀ ˌdæm, ǀ ˋdæm", ʃautid ˌlui ˌæpəˌplektikli. ǁ hiː
'keim 'aut ə ðə 'bed-rum ˌfjuəriəsli. ǁ "'wɔts ˌrɔŋ wið ˌmiː? ǁ
aim ðə 'pleiθiŋ əv ðə ˌgɔdz. ǁ ðə bəˌfuːn, ǀ-ðə ˌwipiŋ-ˌbɔi, ǀ ðə
ˋskeipˌgout." ǁ
"'sit ˌdaun, ˌlui", sed ˌemə. ǁ
"ət ˋliːs, ǀ ˊspɛə mi ˊwʌn lit| ˇkis", sed ˌlui, ǀ in ˌˌdespəˌreiʃn̩. ǁ

"ˋnou", kraid ˌemə. ‖ hiː ˇlukt ˌæt əːr | ən ʃi wəz ˌsɔbiŋ. ‖ 'litḷ ˌtiəz | 'kɔːst ·daun əː ˌtʃiːks. ‖ "'gou uˌwei, ˌlui, | ˌpliːz." ‖ "'wai əm ˌai ðə ˌwʌn uː ˌgouz ʌnˌlʌvd?" diˌmaːndid ˌlui. ‖ "'wɔts ˌrɔŋ wið miʔ. ‖ 'dountʃuˑ 'laik mai ˌfeis? ‖ ɔːr 'iz it mai ˋklaːs? ‖ 'izn̩t ðæt ˌgud inʌf ·fɔː ju?" ‖

"ˌlui, | ˋdount", kraid ˌemə. ‖ "ai ˌˌhould ˋnʌθiŋ əˌgenst ju." ‖

"ai ˋnou aim ˌˌnɔt veri ˌˌgud wið ˌwimin; ‖ aim 'nou 'dɔn ˇhwaːn. ‖ mai in'tenʃn̩z wər ˌɔnrəbḷ; ‖ aim ˇnɔt duiŋ ˇðis fə ˇfʌn, jə ˌnou." ‖ ˌnou, ‖ ˇfʌn | wəz ðə ˋlaːs θiŋ it ˌwɔz. ‖ ˇlʌv, | fə ˇlui, | wəz ə 'siəriəs ˋmætə. ‖ it wəz 'big ˋbiznəs. ‖ hiː kəd iˌmædʒən 'nou mɔː di'laitfḷ ˇprɔspekt | ðən ðæt əv ˌbiːiŋ 'siːn 'tɔːkiŋ ˋintimətli tu ˌemə, ‖ ˋwɔːkiŋ wið ər | in ðə ˋstriːt, ‖ 'helpiŋ ər 'ɔf wið əː ˋkout, ‖ biːiŋ ˋlent ɔn ˌbai əːr | əʒ ʃi 'tipt ˋstounz ˌaut əv əː ˌʃuːz. ‖ hiː kəd 'siː əːr | in ðiːz 'simpḷ ˌimidʒiz— ‖ ˌˌkukiŋ ət iz ˋstouv, ‖ ˌˌdaːniŋ iz ˋsɔks, ‖ ˌˌmeikiŋ ðɛə ˋbed, ‖ 'dændliŋ ðɛə ˋtʃildrən, ‖ 'nəːsiŋ 'hiz influˋenzə, ‖ 'nitiŋ iz ˌswetəz. ‖ ən it wəz ˇimidʒiz əv ðə ˇseim ˇsɔːt | ðət 'fild ˆeməz ˌmaind – ‖ ðə ˌprɔspekt əv 'daːniŋ iz ˌsiːdi ˌsɔks, ‖ ˋwɔʃiŋ | iz 'greit ˌsɔks, ‖ 'ministriŋ tu iz ˋwiːk ˌtʃest, ‖ prə'djuːsiŋ iz 'snɔti ˌbræts – ‖ ən ə ˋʃuəd əː | ðət ðe wəz 'nou ˌhoup fə ðɛər ˌintiməsi. ‖

"'stɔp ˌtɔːkiŋ əˌbaut it, ˌlui", ʃi ˌsed. ‖

"'kæn ai 'stil ˌhoup? ‖ 'hæv ai ə'fendid ju 'tuː ˌmʌtʃ?" ‖ hiː ˇhæd, | bət ˌemə ˇkudn̩t ˇsei sou; ‖ hiːd ˌteik it əz ə 'slait tu iz ˇfeis, ‖ tu iz ˋklaːs, ‖ tu iz ˋlæk əv nɔːˋmæləti. ‖ "ˉaim ˌˌnɔt əˌfendid", sed ·emə. ‖

"ən ai kən ˊhoup?" ‖

"ai 'dount ˌnou", sed ˌemə. ‖

"jə 'dount siː hau 'mʌtʃ ai ˋniːd ju." ‖

"'ɔː ˌrait, ðen, ·lui, | bət ˋpliːz ˌgou." ‖

hiː 'pikt ʌp iz 'dæmp ˌkout, ‖ 'hiːvd iz 'blæk ˌberei ·ɔn tu iz ·hed, ‖ ən ʃi 'sɔː im tə ðə ˌdɔː. ‖ 'æʒ ʃi 'went daunˌstɛəz wið im | ʃi ˌwʌndəd 'hau ʃi kəd əv 'let 'ɔːl 'ðis ˋhæpən. ‖ ʃi ˌˌwɔznt ə ˌhaːd ·pəːsn̩, ‖ meikiŋ ˌˌkwik disˌmisḷz əv ʌn·wɔntid ·piːpḷ. ‖

ʃi ˌˌpleist ðə ˌˌhaiist riˈgɑːd ɔn ˌpəːsn̩l̩ riˌleiʃn̩ʃips: ‖ ˈwɔt ˆels, │ in ˇðis dei ən ˌeidʒ, │ did wʌn ˆhæv? ‖ bət ˇlui │ wəz ˈhɑːdli ˋnɔːm̩l̩, ‖ ˈhɑːdli ˋriəl. ‖ wið iz ˈgreit, ˈbɔːldiŋ ˈhed │ əŋ kəˈdævərəs ˌbɔdi, ‖ hiʒ ˈʃæbi, ˈʃeipləs ˌklouðz ‖ ən ðæt iˈmensli ˈlɔŋ, │ ˈʌnˈbeltid ˌreiŋkout │ ðət ˌhʌŋ ˌdauŋ ˈklous tu iz ˌfiːt, ‖ ðouz ˈlɑːdʒ, ˈnʌkl̩d ˋsimiən ˌɑːmz │ ðət ˈdæŋgl̩d frəm ˈsliːvz │ ˈɔːwiz ˈtuː ˌʃɔːt, ‖ hi ˌˌlukt ən əpˋsəːditi; ‖ ˊin im │ ðə wəz ˈsʌmθiŋ əv ðə ˌbʌt. ‖ ˈhau kəd wʌn ˈɔfər im │ ˈeniθiŋ bət ˌpiti? ‖

ˇmiːnwail, │ ˈlui ˈwɔːkt ˈhoum ʌndə ðə ˈdæmp ˌtriːz, ‖ pəˈvəːsli ˈtraiiŋ tə ˈkætʃ njuːˋmounjə, ‖ ˈbəːstiŋ wið ˌʃægrin, ‖ ən ˇɑːskiŋ imˌself │ ˇfjuəriəsli │ ˈwai ˈevriθiŋ ˇgud ðət iː ˌtʌtʃt │ ˈsnæpt in iz ˈklʌmzi ˌpɔːz. ‖ ˈwai izn̩t ˈmai laif laik ˈʌðə ˌpiːpl̩z? hi ˌwʌndəd. ‖ ˈwɔt du ai ·duː ˋrɔŋ? ‖ ˈwai ə ˈsʌm ˈsiŋgl̩d ˌaut │ fə ˈspeʃl̩ misˌfɔːtʃən, ‖ kənˈdʒenitli kənˈdemd tə ˈraitiŋ tu ˈæn ˌtempl̩ │ ɔː ˈdɔrəθi ˌdiks, ‖ əm ˌbiːiŋ ədˈvaiz tə ˈdʒɔin ə ˋtenis ˌklʌb │ ɔː ˈləːn ˈwʌn ˈtɔpik əv ˈkɔnvəˈseiʃn̩ │ ˈriəli ˋwel? ‖ ˈlui ˈtraid tə ˈθiŋk │ əv ˈsʌm ˋstrætədʒəm │ bai ˌwitʃ iː ˌmait riˈstɔːr imˈself tə ˋfeivə, ‖ ə ˈniːt litl̩ ˈsouʃl̩ ˌsʌtl̩ti │ ðət mait ˈmeik ˈʌp fə ðə ˋsɔlisizəmz. ‖ bət ˇsʌtl̩tiz! – ‖ hi wəz əˌbaut əz ˇsʌtl̩ │ əz ðə ˈsmel əv ˈbæd ˆdreinz. ‖ ən ˈðen iː ˌθɔːt əv ˌsʌmθiŋ; ‖ hiː ˇθɔːt in ˌfækt │ əv ˈsʌm ˋwʌn, ‖ ən ˇðæt │ wəz ˈmirəbel ˋwɔrən. ‖

From *The Horse's Mouth* by Joyce Cary

Gully Jimson, the down-at-heel painter and the 'I' of this piece, fights a rearguard action against his stammering schoolboy friend, Nosey, which can be rendered most appropriately by the Familiar style of transcription.

it wəz ˈhɑː-pɑːs ˌsiks, ‖ ˈtuː ˋdɑːk tə ˌpeint, ‖ ˌtəːniŋ ˈveri ˌkould. ‖ ˈklaudz ˈɔːl ˈstriːmiŋ uˈwei │ laik ˈgous ˌfiʃ │ ˈʌndə ði ˌais. ‖ ˈiːvniŋ ˈsʌn ·təːniŋ ˌrediʃ. ‖ ˈtriːz ɔ̩ŋ ðə ˈhɑːd │ laik ˈoulg ˋkɔpə. ‖ ˈould ˋwilu ˌliːvz │ ˈʃeikiŋ ˈʌp m̩ ˈdaun in ðə ˌbriːz, ‖

THE HORSE'S MOUTH

„meikiŋ `ʃædouz ɔn ðə „wʌnz bə‚lou, ‖ rə'flekʃn̩z ɔn ðə 'wʌnz ə‚bʌv. ‖ niːd ə 'triki `brʌʃ tə „giv ði: i‚fekt ǀ ən 'wɔt əb bi ðə ˆgud. ‖ pi`zaːrouz ‚dʒɔb, ǀ ˀnɔpˇmain. ‖ ˀnɔt ˇnauədeiz. ‖ `lirik, ǀ „nɔt ‚epik. ‖

'stɔpt ət ðə ‚kɔːnər ǀ əm 'put ɔŋ 'koukəz ‚sɔks. ‖ 'silk əm ˆwul; ‖ ‚mʌst ə ‚kɔs 'sevn̩ ən ˆsiks. ‖ bət ðə ˀtrʌbl̩ ˇwɔz, ǀ ai hæd 'houlz im mə `buːtsoulz ǀ n̩ ðə `peivmənt ‚strʌk ‚θruː. ‖ 'wen tu ə `rʌbiʃ ‚baːskit ǀ əŋ 'gɔt sm̩ 'iːvniŋ `njuːspeipəz. ‖ 'ʃʌvd əm im mə ‚buːts. ‖ 'ʃʌvd əm ·ʌp mə `trauzəz, ‖ 'stʌft əm 'daum mu ‚weiskout. ‖ əz 'gud əz ‚leðər ə‚‚genst ən „iːs ‚wind. ‖ θæŋk 'gɔd f ðə ‚pres, ǀ ðə 'frend ə ðə ‚puə. ‖ 'ðen ai went ‚in ǀ ən 'lit ə ‚mætʃ ǀ tə 'hæv ə 'luk ət ðə ‚piktʃə. ‖ ai hæd ə 'fiːliŋ ip 'maitn̩t bi `ðεə. ‖ ən it ˆwɔznt ‚ðεə, ‖ 'ounli ə 'piːs ǀ əv 'dəːti 'jelu ‚peint. ‖ ik ˀgeiv mi ə `ʃɔk. ‖ ‚ðεər, ai ‚sed tə mə‚self, ǀ aiv 'spɔilt mə 'naits ‚rest. ‖ 'wai kudn̩ ai 'teik it ɔn ‚trʌst. ‖ 'ækt əf ‚feiθ. ‖ „ðæts „ɔːl it „iz ‚riəli. ‖

"mistə dʒˇdʒimsn̩." ‖

"‚nou, ǀ iːz 'nɔt ət `houm." ‖

"ai wu'wʌndəd if jud.'laik sm̩ `kɔfi ǀ frm̩ ðə `stɔːl." ‖

"`nou", ai ‚sed, ǀ "iː `wudn̩t. ‖ iːz 'gɔn tə `bed." ‖

ðə 'bɔi 'muːvd ‚ɔf. ‖ ai 'went 'ʌp tə ðə 'piktʃər ɔn 'tiptou ǀ ən 'lit ə`nʌðə ‚mætʃ. ‖ ˇðis taim ǀ it ‚ʃoub mi ə 'lɔt əv 'dəːti `reb ‚peint. ‖ laik ðə 'skin ǀ ɔn ə 'pɔt əv `rʌs ‚pruːfiŋ. ‖ 'mai ‚gɔd, ai ‚sed, ‖ 'hau ən 'wai did ai 'duː ‚ðæt. ‖ ai ‚mʌst ə 'lɔs ðə `trik əv ‚peintiŋ. ‖ aim ˆdʌn fɔː. ‖ ail ˇhæf tə ‚kʌp mə ‚θrout `aːftər ‚ɔːl. ‖

"jɔː kˇkɔfi, ‚mistə ‚dʒimsn̩." ‖

"mistə 'dʒimsn̩z 'dʒʌs gɔn `aut. ‖ hiː 'mʌst ə ·siːn ju `kʌmiŋ." ‖ bət ðə 'bɔi 'switʃt 'ɔn iz ‚baisikl̩ ‚læmp; ǀ əŋ ‚keim 'rait ‚in ǀ əm 'put ðə 'kɔfiː im mə `hænd. ‖

"'mistə 'dʒimsn̩ ǀ 'woump bi 'bæk ǀ fə 'sʌm `taim", ai ‚sed. ‖ "bət i ˀaːs mi tə ˇtel ju ǀ ðətʃu 'hævŋk ·gɔt ə ‚tʃaːns. ‖ hiː `izŋk ‚gouiŋ tə ‚tɔːk t ju ə‚baut ‚aːt. ‖ hiːz kə‚‚mitid ˊaːsn̩, ǀ əˊdʌltr̩i, ǀ ˊməːdə, ǀ ˊlaibl̩, ‖ mæl'fiːzn̩s əv 'klʌb ˊmʌniz, ǀ ən

25

ə'sɔːlt wið ˌbætr̩i; ‖ bət i 'dʌznt 'wɒnt tə hæv 'eni ˋsiəriəs ˌkraim ɒn iz ˌkɒnʃn̩s." ‖

"bəbət 'mistə ˋdʒimsn̩, | ai wuˌˌwɒnt tə bi ən ˋɑːtist." ‖

"əf ^kɔːs jə ˌduː", ai ˌsed, ‖ "^evribɒdi ˌˌdʌz ˌwʌns. ‖ bət ðei get ˌouvər it, | ˌˌθæŋk ˌgɒd, | laik ðə ˋmiːz|z | n̩ ðə ˋtʃikim-pɒks. ‖ 'gou 'houm ən 'gou tə ˌbed | n̩ ˌteik s̩m ˋhɒt leməˌneid | əm put ɒn 'θriː ˌblæŋkits | n̩ 'swet it ˌaut." ‖

"bət mistə dʒ ˋdʒimsn̩, | ðə ˋmʌs bi ˌɑːtists." ‖

"^jes, ‖ æn ^luːnətiks | æn ^lepəz, ‖ bət 'wai gou ən 'liv in ən ə'sailəm | bi'fɔː jə ˋsent ˌfɔː. ‖ ˉif jə ˌˌfain ˌˌlaif əˌˌbit ˌˌdʌl ət ˌhoum", ai ˌsed, | "ənˌˌwɒnt tu əˌmjuːz jəˋself, ‖ 'put ə ˋstik ə ˋdainəmait | n̩ ðə 'kitʃn̩ ˋfaiə, ‖ ɔː ˋʃuːt ə ˋpliːsmən. ‖ 'vɒlən·tiə frə ˋtes ˌpailət, ‖ ɔː 'daiv ɒf 'tauə ˋbridʒ | wið 'faiv 'bɒbz wəθ əv 'roumən ˋkænd|z in iːtʃ ˌpɒkit. ‖ jəd get ˋtwais ðə ˌfʌn | ət əbaut 'wʌn 'tenθ ə ðə ˋrisk... ‖

ai kəd 'siː ðə 'bɒiz ˌaiz ˌbʌldʒiŋ | in ðə rə'flektid 'lait ɒf ðə ˌbɔːdz, | ðə ˌkʌlər əv 'dəːti ˌwɔːtə. ‖ ən ai ˌθɔːt, aiv 'meid n̩ i ˋfekt. ‖ "nau 'gou uˌwei", ai ˌsed. ‖ " its ˋbedtaim. ‖ ˋʃuː." ‖

hiː 'tuk mai ˌkʌp | m̩ ˌwent uˌwei. ‖ ən ai 'strʌk əˋnʌðə ˌmætʃ | tə 'luk ət 'iːvz ˋfeis. ‖ ˋou | ˌˌmai ˌgɒd, ai ˌθɔːt, ‖ its əs ˌflæt əz ə ˋtrei. ‖ its ˌˌlːˌˌmeid ˋʌp. ‖ ˎwɒt ə ˋkʌlə. ‖ 'tind ˋsæmən. ‖ 'wai did ai duː ˌðæt? ‖ 'wɒt ə 'piːs əv ˋæfekˌteiʃn̩. ‖ ˉwɒtˌˌwɒz ai ˋfiːliŋ əˌbaut? ‖ ən ai felt ɔːl 'lɒkt ˌʌp. ‖ ai ˌwɒntid tə 'nɒk mai 'hed ɒn ðu ˌwɔːlz. ‖

ðə ˇbɔi keim ˌin | wið əˋnʌðə ˌkʌp əˌkɒfi. ‖

"fə ˌgɒdz ^seik", ai ˌsed, ‖ "'mistəˌdʒimsn̩z | ˌnɒt ət ˋhoum, ‖ ən i 'dʌznt 'laik tə biː 'intəˌrʌptid | bai 'impjədn̩t jʌŋ ˌbɑːstədz | 'wɔːkiŋ ·intu iz ˌhaus | əz 'if it wəz ðər ˋoun." ‖

"ˋou, | mistə ˋdʒimsn̩, ‖ bət ai 'sɔː ðeig gəˑgɒp ^bʌnz." ‖ ən i 'geiv mi ə ˋbʌn wi ðə ˌkɒfi. ‖ "aim s ˇsɔri, mistə dʒˌdʒimsn̩", iː ˌsed, | "bət ai 'dount ˋnou eni ˌˌʌðəˌˌriəlˌɑːtists." ‖

"ˋhuː ·touldʒu mistə ^dʒimsn̩ wəz n̩ ˌɑːtist?" ai ˌsed. ‖ ən im mai ˇægəni | ai 'tuk ə 'bait əv ˋbʌn. ‖ twəz ə ˌgub ˌbʌn ‖ əm mai im ˋpreʃn ˇwɒz | ðət ðə ˇbɔi əg ·givm̩ ˇmiː | ðə ˋbigist, ‖

26

ðou in ðə 'dim ˇlait | i: mait 'i:zḷi əv 'dʒʌgḷd im'self ðə ˌbig wʌn. ‖ ən ai wəz ˌtʌtʃt. ‖ ai ˇɔ:tṇ tu əv bin ˌtʌtʃt ‖ bikəz ˋɔbvjəsli | ði 'jʌŋ 'blægəd | wəz 'train tə get 'raun mi | fr iz 'oum^pə:pəsiz. ‖ wið 'kɔfi əm 'bʌnz | aut əv iz 'wi:ks ˋpɔkip ˌmʌni. ‖ bət aiv 'ɔ:wiz hæd ə ˌwi:knəs fə ˌˌbɔiz laik ˌnouzi; ‖ ˌʌgli ˌbɔiz | hu: ə'spaiə tə ˌmɑ:tədəm ‖ ɔ: ˌfeim. ‖

"'luk ˌhiər", ai ˌsed, ‖ "ail 'tel ju ə ˌsi:krət. ‖ 'dʒimsṇ ·nevə ^wɔz ṇ ˌɑ:tist. ‖ hi:z 'ounli 'wʌn ə ðə 'puə 'begəz | u: 'θɔ:t i wəz ^klevə. ‖ wai, ju 'nou wɔt ðə 'kritiks 'sed əbaut iz 'piktʃəz in 'nainti:n ou ˌeit – | ðæts 'θə:ti ˌjiəz ə·gou. ‖ ðei ˌsed i wəz ə 'nɑ:sti jʌŋ ˌmæn | u: 'didnt ·i:vṇ 'nou | wɔt 'ɑ:t ^wɔz, ‖ bət ˋθɔ:t i kəd ˇædvətaiz imˌself | bai 'peintin ən 'drɔ:in, | 'wə:s ðṇ ə 'tʃaild əv ˋsiks – ‖ ən 'sins ˇðen | i:z 'gɔn ^ɔf ə ˌlɔt. ‖ ˋæz i:z gɔt ˇouldər, | i:z gɔt ˋjʌŋgə." ‖

"ˌou | mistə ˌdʒimsṇ, ‖ bət ðei 'ɔ:lwəz ˌˌsei ˌðæt." ‖

"'sʌmtaimz ðə ˋrait, mə ˌlæd. ‖ əm mai im'preʃṇ ˇiz | ðət ðei wə 'rait əbaut ^dʒimsṇ. ‖ hi:z ə ˋfrɔ:d. ‖ 'dount 'ju: hæv 'eniθiŋ tə ˌdu: wið im. ‖ 'let 'də:ti 'dɔgz ˌlai | ən ˌswindḷ, ən ˌsou ɔn." ‖

"bət ðər ˇɑ:r ˌɑ:tiss, ˌmistə ˌdʒimsṇ." ‖

"^jes, ‖ 'dʒimsṇz pə^pɑ: wəz ṇ ˌɑ:tist, | ə ^riəl ˌɑ:tist. ‖ 'hi: 'gɔt ṇ ði ə^kædəmi. ‖ ˇhi: ˌpeintid ˌpi:pḷ | wi ðɛə ˌnouziz 'raip bə'twi:n ðər ˌaiz. ‖ hi ˌstɑ:tib 'meʒrin 'ʌp ðə 'hju:mən 'klɔk | ət 'ten ·jə:z ˌould, ‖ ən i ˌwə:kt 'siks'ti:n 'auəz ə ˌdei | fə 'fifti ˌjə:z. ‖ ən 'daid ə ˋpɔ:pər | in ˌkwaik kən'sidrəbḷ ˌmizəri. ‖ ˇpə:snḷi, | aid ˌrɑ:ðə bi: 'i:tṇ ə'laiv bai ^slou ˌwə:mz." ‖

"'wɔt də·did i pˋpeint?" ‖

"^piktʃəz", ai ˌsed səˌviəli. ‖ ai ˌˌsɔ: ðu ˌˌwei ðə ˌˌbɔiz ˌmaind wəz ˌgouin. ‖ "^ɑ:t. ‖ ˋdʒimsṇz pəˋpɑ: ˋmei əv bin in ði əˇkædəmi | əm ˋpeintid ˇnaisli, ‖ bət iz ˌpiktʃəz wə ˋdefnətli ˋɑ:t. ‖ ə ˋlɔt əv ˌɑ:tiss əv ˌpeintid ˌnaisli. ‖ bət ai 'spouz jəv ·nevə ˋhə:d əv ˌræfiəl | ɔ: ˌpu:sæn | ɔ: vəˌmiə." ‖

"ˋou | ˌjes, ‖ ðei wu f^feiməs ˌɑ:tists – ‖ ən ðər ə s^stil f,feiməs ˌɑ:tists." ‖

"'dʒimsn̩z pə`pɑː wəz ˌlaik ˌðæt. ‖ f `kɔːs, | wen i ˇstɑːtid | i 'wɔznt `pɔpjələ – ‖ 'rɑːðə ·tuː `mɔdn̩. ‖ hi 'tuk ɑːftə `kɔnstəbl̩ | ən ðə 'kritiks ·sed i wəz `slæpdæʃ. ‖ bət əbaut ˇeitiːn ·fɔːti ˇeit | iː biˌˌkeim fəf`feiməs, ‖ fr əˌbaut ˌˌfaiv ˌjəːz. ‖ hiz ˌstʌf wəz 'lænskeip wið ˌfigəz. ‖ 'gəːlz iŋ ˌgɑːdn̩z. ‖ wið `pouitriː | in ðə ˌkætlɔgz. ‖ hiː ˌˌjuːs tə get əbaut ˌˌtuː ˌˌhʌndrəg ^giniz fr ə ˌˌriəli ˌˌnais ˌˌgəːl in ə ˌˌnais ˌˌkɔtidʒ ˌgɑːdn̩ – ‖ ˌhɔlihɔks | əm ˌˌpiŋk ˌrouziz. ‖ hi meid ˌˌtuː ˌˌθauzn̩d ə^jəːr ət ˌwʌn ·taim | ən 'entə'teind in ^stail. ‖ hiz ˌwaif hæd 'θriː 'big ri'sepʃn̩z ən ə `beibi ˌevri ˌjəː. ‖ bət əbaut ˇeitiːn ˇfifti ˌeit, | ə `njuː lɔt əv ˌmɔdn̩ ˌɑːp brouk ˌaut. ‖ ðə 'priː`ræfiəlaits. ‖ ˇoul mistə ˇdʒimsn̩ | ^heitid it, əf ˌkɔːs. ‖ ən ˇɔːl ˇdiːsm̩p ˌpiːpl̩ | ə^griːd wið im. ‖ wem ˇmilei | ʃoud iz ˇkraist in ðə ˇkɑːpintəʒ ˌʃɔp, ‖ 'tʃɑːlz ˇdikinz ˌrout | ðət ðə 'priːˌræfiəlaits | wu 'wəːs ðn̩ ðə bjuːˈbɔnik ˌpleig. ‖ əm mistə 'dʒimsn̩ ·rout tə ðə ˌtaimz | n̩ ˇwɔːnd ðə ˌneiʃn̩, | in ðə 'neim əv ˌɑːt, | ðət ðə priːˌræfiəlaits wər in ə 'plɔt tə diˈstrɔi ˌpeintiŋ | 'ɔːltə^geðə. ‖ ˇðis ·meid im ^veri ˌpɔpjələ. ‖ ˇɔːl ˇriəli riˇspɔnsəbl̩ ˌpiːpl̩ | 'sɔː ðə `deindʒər əv ˌmɔdn̩ ˌɑːt." ‖

"¯ðə dəˌdeindʒə. ‖ bət ˌˌðæts ˌˌkwait s`sili." ‖

"ˇnou, its ˇnɔt ˌsili. ‖ ən its 'taim 'juː went 'houm tə jə `mæmi. ‖ ˇbai ˇdʒiː ən `dʒei, | aid ˇlaik tə hiə ˇmistə ˇdʒimsn̩ ˌhiə ju ˌsei ðət iz riˌmɑːks wə ˌsili. ‖ 'θæŋk 'gɔd iːz ^æpsn̩t təˌnait. ‖ ¯get 'aut ˌkwik | bi'fɔːr i kʌmz 'bæk ən 'riŋz jə ˌnek." ‖
ðə 'bɔi went ˌaut | ən ai 'lit ə`nʌðə ˌmætʃ. ‖ əz ˇevri ·peintə ˇnouz | ðə ˇfɔːθ ˌluk | s 'ɔfn̩ ˇlʌki. ‖ its `ɔːwəz əˌˌgub ˌplæn, | ˌˌdʒuəriŋ ən əˌˌtæk ə ðə ˌdʒimdʒæmz, | tə ˌtrai ət 'liːs ˇfɔː ˌmætʃiz. ‖ ə ˇpiktʃə ·left ə`baut n̩ ðə ˇdɑːk | wəl 'ɔfn̩ disə^piə fə ˌθriː ·mætʃiz, ‖ əŋ kʌm ˇbæk əˌgen, | ət ðə ˇfɔːθ, | ə 'regjələ ^mɑːstəˌpiːs. ‖ ˌsʌmθiŋ 'kwait ri^mɑːkəbl̩. ‖ bət ðə 'mætʃ went `aut bəˌˌfɔːr ai kəd ˌˌsiː weðər ai wəz ˌˌlukiŋ ət ˌˌdʒenjuin intjuˌˌiʃn̩ əv fʌndəˌˌment l̩ ən juːniˌˌvəːsl̩ ikˌspiəriəns | im ˌˌplæstik ˌˌfɔːmz əv ˌˌklæsikl̩ ˌpjuərəti ən simˌplisəti, ‖ ɔːr ə ˌpiːs əv 'bɛəfeist pɔːˌnɔgrəfi | ðət ˌɔːtə bi 'delt wið bai ðə pəˌliːs. ‖

"ikˋskju:z ˌmi:, mistə ·dʒimsn̩, ‖ ai 'θɔ:tʃu mait 'laik ə s-s-s-s", ‖ ən i 'geiv mi ə 'sɔsidʒ ˋroul. ‖ "its 'sou ^koul təˌnait." ‖

"jər ə ˋgub ˌbɔi", ai ·sed, | in ˋspait əv məˌself. ‖ "ən sou aim 'teliŋ ju ·sʌmθiŋ fə 'jɔ: ˌgud. ‖ ˋɔ:l ˌa:ts ˅bæd, | bət ˅mɔdn̩ ˌa:ts | ðu ˋwə:st. ‖ 'dʒʌs laik ði: 'imfluˌenzə. ‖ ðə ˅njuər it ˌiz, | ðə 'mɔ: ˌdeindʒrəs. ‖ əm ˋmɔdn̩ ·a:ts ˋnɔt ounli ə ˅pʌblik ˌdeindʒər – | its inˋsidiəs. ‖ jə ˌˌnevə nou ˋwɔp mei ˌˌhæpm̩ wen its ˌˌgɔt ˌlu:s. ‖ ˅dikinz | ən ˋɔ:l ði ˅ʌðə ˌnoubl̩ ən ˌwaiz ˌmen | u: ˋbækt im ˅ʌp, ‖ ˅pa:sn̩z | əm ˅mædʒistreits | n̩ ˅dʒʌdʒiz, ‖ wə 'kwait ^rait. ‖ 'sou wə ðə 'breiv 'lædz | u: 'fɔ:t ə·gens ði: im^preʃn̩iss | in 'eiti:n ^sevn̩ti, ‖ ən ðə ^poust-imˌpreʃn̩iss | in 'nainti:n ^ten, ‖ ən 'ðæt ·ræt ^dʒimsn̩ | in 'nainti:n ^twenti. ‖ ðei wər ˋɔ:l ˌkwait ˌrait. ‖ 'ðei ˋnju: wɔp ˌmɔdn̩ ˌa:k kən 'du:. ‖ 'kri:piŋ ə'baut ˌevriwɛə, ‖ ˌʌndə'mainiŋ ðə 'tʃə:tʃ | n̩ ðə ˋsteit | n̩ ði əˋkædəmi | ən ðə ˋlɔ: | əm 'mæridʒ | n̩ ðə ˋgʌvm̩mənt – ‖ 'smæʃiŋ ʌp 'sivl̩aiˌzeiʃn̩, ‖ di'dʒenəreitiŋ ði ˌempaiə. ‖

"'luk ət ði 'ɔ:fl̩ dis'gʌstiŋ 'piktʃəz 'dʒimsn̩ ˌpeints – ‖ 'luk ət ðæt 'ædəm ən ˌi:v – ‖ 'wə:s ðən ^epstain | ɔ:^spensə. ‖ 'æpsəlu:tli ri'pʌlsiv n̩ riˌvoultiŋ, | əz 'dikinz ·sed əbaut ˌmilei. ‖ ˉə ˌʃɔkiŋ ˌθiŋ. ‖ θæŋk 'gɔd 'dʒimsn̩z pəˌpa: ˌnevə ˌsɔ: it. ‖ it əd əv 'broukn̩ iz ˌha:t | if it ˌˌhæbm̩p bim ˌˌbroukm̩ ˌˌpriti ˌˌθʌrli ɔ:lˌredi, | wen ðə pri:ˌræfiəlaits ˌˌgɔt intə ði əˌkædəmi, | ən ˌˌhi: wəz ˌˌθroun ˌaut." ‖

"'hau kəd ðei ·du: ˋðæt?" ‖

"ˋjes, | ðei ˅kud, | bikəz i 'wɔzn̩t ən ə^souʃiət. ‖ hi wəz 'dʒʌs ˅gouiŋ tə ˌbi: | wen 'sʌmθiŋ ˋhæpm̩d | ən ðei 'θru: im ˋaut | inˋsted. ‖ ˋbæŋ. ‖ 'θri: 'gə:lz in 'θri: ˌga:dn̩z. ‖ 'lʌvli ˌgə:lz. ‖ 'lʌvli ^piktʃəz. ‖ bət ˅sʌmhau | 'noubdi ˋwɔntid eni ˌˌmɔ: nais ˌˌgə:lz iŋ ˌga:dn̩z. ‖ 'nɔt ˅dʒimsn̩ ˌgə:lz. ‖ 'ounli ·bə:n-^dʒounz ˌgə:lz | n̩ ru^zeti ˌgə:lz. ‖ sou pəˋpa:r əm məˋma:r ən ðɛə ˋnju:mrəs ˅fæmli | hæd 'nʌθiŋ tu ^i:t." ‖ ai 'swɔloud ðə ˌbʌn | tə 'haib mai iˌmouʃn̩. ‖ ai ˌdidn̩ nou ˌweðər aib bi ˌeibl̩ tə 'liv θru: ðə ˋnait wiˌˌðaup mai ˌpiktʃə. ‖ aim ˋnevə ˌˌriəli ˌˌkʌmftəbl̩ wi͵͵ðaut ə ͵piktʃə; ‖ ən wen aiv ⌄gɔt wʌn ɔn ˇhænd, │ ͵laif 'izn̩t ·wəːθ ˆliviŋ.

"mistə dʒˇdʒimsn̩, ‖ ⁻dju 'θiŋk its ə 'gud 'θiŋ tə s'staːt in ən ͵aːt ·skuːl?" ‖

"⌄huːz gənə stə͵taːt in ən ͵aːt ͵skuːl?" ‖

"⌄miː." ‖

"͵ou 'gou u͵wei, │ 'gou u͵wei. ‖ 'gou ͵houm." ‖ ən ai 'tʃeist im ͵aut. ‖ ai 'wɔntid tə bi ʌn'hæpi bai mə͵self. ‖ ai ͵wɔntid tə 'griːv fə pə͵paː. ‖ ͵͵ðæp ͵͵mæn ͵͵sʌfəd ə ͵lɔt. ‖ 'iːvm̩ 'mɔː │ ðəm mai 'pɔː ˆmʌðər │ uː 'hæt tu ˆwɔtʃ im ͵sʌfə. ‖ fə ˇʃiː │ hæd 'sevn̩ ˆtʃildrən tu ͵wʌri ə͵baut │ əzˆwel, ‖ ən ˇtʃildrən │ ər ə ⌄djuːti. ‖ werəz ə ⌄broukn̩-·haːtid ⌄mæn wið ə ˇgriːvn̩s │ iz 'ounli ə ·laiəˆbiləti, ‖ ə ˆnjuːsn̩s. ‖ ən i ͵nouz it │ ͵tuː. ‖

The Gettysburg Address by Abraham Lincoln

Four score and seven years ago our fathers brought forth on this continent a new nation conceived in liberty and dedicated to the proposition that all men are created equal.
    Now we are engaged in a civil war testing whether that nation or any nation so conceived and dedicated can long endure. We are met on a great battlefield of that war. We have come to dedicate a portion of that field as a final resting place for those who here gave their lives that that nation might live. It is altogether fitting and proper that we should do this. But in a larger sense we can not dedicate – we can not consecrate – we can not hallow this ground. The brave men living and dead who struggled here have consecrated it far above our poor power to add or detract. The world will little note nor long remember what we say here but it can never forget what they did here. It is for us the living rather to be dedicated here to the unfinished work which they who fought here have thus far so nobly advanced. It is rather for us to be here dedicated to the great task remaining before us – that from these honoured dead we take increased devotion to that cause for which they gave the last full measure of devotion – that we here highly resolve that these dead shall not have died in vain – that this nation under God shall have a new birth of freedom – and that government of the people by the people for the people shall not perish from the earth.

From *Memento Mori* by Muriel Spark

Charmian made her way to the library and cautiously built up the fire which had burnt low. The effort of stooping tired her and she sat for a moment in the big chair. After a while it was tea-time. She thought, for a space, about tea. Then she made her way to the kitchen where the tray had been set by Mrs Anthony in readiness for Mrs Pettigrew to make the tea. But Mrs Pettigrew had gone out. Charmian felt overwhelmed suddenly with trepidation and pleasure. Could she make tea herself? Yes, she would try. The kettle was heavy as she held it under the tap. It was heavier still when it was half-filled with water. It rocked in her hand, and her skinny, large-freckled wrist ached and wobbled with the strain. At last she had lifted the kettle safely on to the gas-ring. She had seen Mrs Anthony use the automatic lighter. She tried it but could not make it work. Matches. She looked everywhere for matches but could not find any. She went back to the library and took from a jar one of Godfrey's home-made tapers. She stooped dangerously and lit the taper at the fire. Then, cautiously, she bore the little quivering flame to the kitchen, holding it in one shaking hand, and holding that hand with her other hand to keep it as steady as possible. At last the gas was lit under the kettle. Charmian put the teapot on the stove to warm. She then sat down in Mrs Anthony's chair to wait for the kettle to boil. She felt strong and fearless.

When the kettle had boiled she spooned the tea into the pot and knew that the difficult part had come. She lifted the kettle a little and tilted its spout over the teapot. She stood as far back as she could. In went the hot water, and though it splashed quite a bit on the stove, she did not get any over her dress or her feet. She bore the teapot to the tray. It wafted to and fro, but she managed to place it down gently after all.

She looked at the hot-water jug. Should she bother with hot water? She had done so well up to now, it would be a pity to make any mistake and have an accident. But she felt strong and fearless. A pot of tea without the hot-water jug beside it was nonsense. She filled the jug, this time splashing her foot a little, but not enough to burn.

When all was set on the tray she was tempted to have her tea in the kitchen there in Mrs Anthony's chair.

But she thought of her bright fire in the library. She looked at the tray. Plainly she could never carry it. She would take in the tea-things one by one, even if it took half an hour.

She did this, resting only once between her journeys. First the tea-pot, which she placed on the library hearth. Then the hot-water jug. These were the dangerous objects. Cup and saucer; another cup and saucer in case Godfrey or Mrs Pettigrew should return and want tea; the buttered scones; jam; two plates, two knives, and two spoons. Another journey for the plate of Garibaldi biscuits which Charmian loved to dip in her tea. She could well remember, as she looked at them, the fuss about Garibaldi in her childhood, and her father's eloquent letters to *The Times* which were read aloud after morning prayers. Three of the Garibaldi biscuits slid off the plate and broke on the floor in the hall. She proceeded with the plate, laid it on a table, and then returned to pick up the broken biscuits, even the crumbs. It would be a pity if anyone said she had been careless. Still, she felt fearless that afternoon. Last of all she went to fetch the tray itself, with its pretty cloth. She stopped to mop up the water she had spilt by the stove. When she had brought everything into the room she closed the door, placed the tray on a low table by her chair and arranged her tea-things neatly upon it. The performance had taken twenty minutes. She dozed with gratitude in her chair for five more minutes, then carefully poured out her tea, splashing very little into the saucer. Even that little she eventually poured back into the cup. All was as usual, save that she was blissfully alone, and the tea was not altogether hot. She started to enjoy her tea.

From *The King Must Die* by Mary Renault

In the second month of our training, we saw the Bull Dance for the first time.

We had wanted to go before, but Aktor forbade it. He said that if beginners saw it before they had learned some skill, they despaired of themselves, and it spoiled their nerve.

The bull ring stood on the plain east of the Palace. It was built of wood, for Crete is a land of timber. The bull dancers had their own gallery, just over the dancers' door, and facing the bull gate. It faced the King's box too, but it was a long time, people said, since Minos had seen the Bull Dance. The chief priest of Poseidon hallowed the bull. For the rest, the rite is ruled by the Goddess-on-Earth.

In the chief place of the ring stood a gilded shrine, upheld by crimson pillars and crowned with the sacred horns. On either side were seats for the priestesses, and all round sat the Palace ladies. As we sat down, they were coming in from their litters, their slaves spreading cushions and cloths for them to sit on, and giving them their fans. Friends greeted friends, and kissed, and called for their seats to be moved together; soon it was like a spreading tree in which a flock of bright birds has settled, cooing and twittering and preening. Massed like dark leaves, the little russet Cretans filled the upper tiers.

Horns blew, a door opened behind the shrine. There she stood; I remembered the shape of her, like a field lily, upright and small, round breasts and thighs, a waist to snap in your fingers. But now she was stiff with gold; you could only see the red of her dress when the flounces stirred. Her foot high diadem was crested with a golden leopard. If she had not moved, I should have taken her for jeweller's work.

The men all stood, laying fist on breast; the women touched their foreheads. She took her tall throne. There was a music of harps and flutes.

The bull-dancers came in from the door below us. They stepped slowly but lightly, two by two, a girl and a boy, in a solemn dance-step. Their love-locks sleeked and combed bounced on their smooth shoulders, their arm-rings and necklaces caught the light; the girls' young breasts, and the rumps of their little loin-guards, jigged prettily in the dance. They all had their hands and wrists strapped round to strengthen their grip; boots of soft leather were laced up to their calves. In the first couple was the Corinthian, blithe as a bird.

They circled the ring, and fetched up in one row before the shrine, with the Corinthian in the middle. There they all stood, and made the sign of homage, and spoke a phrase in old Cretan. I tapped the shoulder of the dancer who sat in front of me, and asked, "What do they say?" She was a black girl from Lybia, and hadn't very much Greek. She said slowly, thinking it out as she spoke, "Hail, Goddess! We salute you, we who are going to die. Receive the offering."

"Are you sure?" I said, for the words had shocked me. "Have you got it right?" She nodded her head, which had blue and gold beads plaited into the black wool, so close to the scalp that they looked to have been sewn there. Then she said it again.

I made no answer, but shook my head, thinking, "Truly and indeed, for all their great cunning works these Cretans are ignorant. That lady there may be the greatest priestess in the world, the highest born, the nearest to the Goddess. But she is a woman. I don't care if ten thousand Cretans deny it. She's a woman, as sure as I'm a man. I *know*."

I looked up at the shrine. She had sat down again, and once more was still, as if made of gold and ivory. I thought, "What's coming to her? She's done what the ever-living gods don't permit to mankind. Nor will they forgive her youth, it's not their way. But who can save her? She's too high to reach."

The dancers had turned, and strung themselves in a circle round the ring. A trumpet sounded. In the wall facing us the great bull-gate opened, and out came the bull.

He was a kingly beast, white spatchcocked with brown; thick barrelled, short legged, wide browed, and, like all his breed, very long-horned. The horns curved upward and forward, then dipped and rose again at the tips. They were painted lengthwise with stripes of red and gold.

The Corinthian stood facing him across the ring, with his back to us. I saw him lift his hand, saluting; a noble gesture, graceful and brave. Then the dancers began to move around the bull, turning in a circle like the stars do round the earth; far off at first but getting nearer. At first he did not take much notice; but you could see his big staring eye following them around. He switched his tail, and his feet fidgeted.

The music quickened; and the dancers closed in. They swooped round the bull like a flight of swallows, nearer and nearer. He put his head down, and his forefoot raked the ground. Then you saw what a fool he was. The bull at Troizen would have singled someone out and made a race of it. This one, as each dancer flew past his head, would look, and get ready with a lumbering scrape of his feet, and then say to himself "Too late", and look sheepish and start again. Now the dancers slowed their spinning and started to play the bull. First one and then another would pause till they had drawn him, then skim or sway out of his path and leave him for the next. The more daring the dancers are, the more they work the bull, the better for them in the end. He is the stronger; but he is one to their fourteen. He may tire first, if they keep him at it.

So it went on, till the first edge was off him, and he seemed to say, "After all, who is paying me for this?" Then the Corinthian ran round to face him, and held out both arms; and the circling stopped.

He ran smoothly up to the sullen bull. It was the leap I had seen often in the Bull Court. But that was a shadow; now he had a living thing to dance with. He grasped the horns and swung up between them, going with the bull; then he soared free. The beast was too stupid to back and wait for him. It trotted on, when it felt him gone. He turned in air, a curve as lovely as a bent bow's, and on the broad back his slim feet touched down together; then they sprang up again. He seemed not to leap, but to hang above the bull, like a dragonfly over the reeds, while it ran out from under him. Then he came down to earth, feet still together, and lightly touched the catcher's hands with his, like a civility; he had no need of steadying. Then he danced away. There was a joyous screaming and cooing from the bird-tree, and shouts from the men. As for me, I stretched in secret my right hand earthwards, and whispered under all the noise, "Father Poseidon! Make me a bull-leaper!"

The dancers circled again. A girl paused on tiptoe, arms lifted, palms outspread; an Arabian, the colour of dark honey, with long, black hair. She was straight as a spear, with the carriage of women used to carry their burdens on their heads; big discs of gold hung from her ears and threw back the sunlight. Sometimes in the Bull Court

I had seen her white teeth flashing. She was a haughty, mocking girl, but she looked grave now, and proud.

She grasped the horns, and pressed upward. Perhaps something had been going on in the bull's dull mind; or perhaps her balance was less true than the Corinthian's. Instead of tossing up his head, he shook it sideways.

The girl fell across his forehead. Yet she had somehow kept her hold upon the horns. She hung on them like a monkey, riding the bull's nose, her feet crossed on his dewlap. He started to run round and round, shaking his head. I heard a deep mutter from the men's seats and from the women's a high breathless twittering. I looked up at the pillared shrine. But the golden goddess sat unmoving, and her painted face was still.

The dancers swooped about, clapping their hands and flipping their fingers to confuse the bull. Yet I thought it was mostly show and they could have done more. I hammered with my fist muttering "Nearer! Nearer!" till the next youth said to me, "Keep your hands to yourself, Hellene"; I had been beating him on the knee. "He will have her!" I said. "He is going to the barrier to beat her off." The youth muttered, with his eyes upon the ring, "Yes, yes; they won't go in for her. She has been insolent and made enemies." The bull was trying to find the barrier, but the girl's long hair was in his eyes, and she kept twisting her shoulders to blind him. I said out of breath, "The Corinthian, can't he help?" He answered leaning forward in his seat, "It's work for the catcher, not the bull-leaper. Why should he? He never worked with this team before."

Just as he spoke, the Corinthian leaped forward. He ran at the bull from its left side, and caught the horn and hung on it swinging. The girl, whose strength was finished, dropped off and scrambled to her feet and ran. Before he jumped, I had seen the Corinthian look swiftly round and beckon. The youth beside me had leaped to his feet and was shouting in his native tongue, which I think was Rhodian; I could tell he was cursing. I was shouting myself. No-one can last long as the Corinthian was, unless someone comes up to pull on the other horn. He had counted on that; but no-one had done it.

One of the youths came running at last, and made as if to leap and catch the horn. But I could tell it was from shame, and his heart was not in it. So he was too late. The bull swerved from him and put his head down sideways, and scraped off the Corinthian with his foot. Then I saw him rise in the air again; but he soared no longer. He was speared on the horn, which had pierced his midriff, just above the belt. I don't know if he cried out or not. The din was too great to hear. He was tossed and flung down with a great red hole in him. The bull trampled him, then trotted away. The music ceased. The dancers stood still. A deep sigh and murmur ran round the galleries.

From *The Once and Future King* by T. H. White

Tilting and horsemanship had two afternoons a week, because they were the most important branches of a gentleman's education in those days. Merlyn grumbled about athletics, saying that nowadays people seemed to think that you were an educated man if you could knock another man off a horse and that the craze for games was the ruin of scholarship – nobody got scholarships like they used to do when he was a boy, and all the public schools had been forced to lower their standards – but Sir Ector, who was an old tilting blue, said that the battle of Crécy had been won upon the playing fields of Camelot. This made Merlyn so furious that he gave Sir Ector rheumatism two nights running before he relented.

Tilting was a great art and needed practice. When two knights jousted they held their lances in their right hands, but they directed their horses at one another so that each man had his opponent on his near side. The base of the lance, in fact, was held on the opposite side of the body to the side at which the enemy was charging. This seems rather inside out to anybody who is in the habit, say, of opening gates with a hunting-crop, but it had its reasons. For one thing, it meant that the shield was on the left arm, so that the opponents charged shield to shield, fully covered. It also meant that a man could be unhorsed with the side or edge of the lance, in a kind of horizontal swipe, if you did not feel sure of hitting him with your point. This was the humblest or least skilful blow in jousting.

A good jouster, like Lancelot or Tristram, always used the blow of the point, because, although it was liable to miss in unskilful hands, it made contact sooner. If one knight charged with his lance held rigidly sideways, to sweep his opponent out of the saddle, the other knight with his lance held directly forward would knock him down a lance length before the sweep came into effect.

Then there was how to hold the lance for the point stroke. It was no good crouching in the saddle and clutching it in a rigid grip preparatory to the great shock, for if you held it inflexibly like this its point bucked up and down to every movement of your thundering mount and you were practically certain to miss the aim. On the contrary, you had to sit loosely in the saddle with the lance easy and balanced against the horse's motion. It was not until the actual moment of striking that you clamped your knees into the horse's sides, threw your weight forward in your seat, clutched the lance with the whole hand instead of with the finger and thumb, and hugged your right elbow to your side to support the butt.

There was the size of the spear. Obviously a man with a spear one hundred yards long would strike down an opponent with a spear of ten or twelve feet before the latter came anywhere near him. But it would have been impossible to make a spear one hundred yards long and, if made, impossible to carry it. The jouster had to find out the greatest length he could manage with the greatest speed, and he had to stick to that. Sir Lancelot, who came some time after this part of the story, had several sizes of spear and would call for his Great Spear or his Lesser Spear as occasion demanded.

There were the places on which the enemy should be hit. In the armoury of The Castle of the Forest Sauvage there was a big picture of a knight in armour with circles round his vulnerable points. These varied with the style of armour, so that you had to study your opponent before the charge and select a point. The good armourers – the best lived at Warrington, and still live near there – were careful to make all the forward or entering sides of their suits convex, so that the spear point glanced off them. Curiously enough, the shields of Gothic suits were more inclined to be concave. It was better that a spear point should stay on the shield, rather than glance off upward or downward, and perhaps hit a more vulnerable point of the body armour. The best place of all for hitting people was on the very crest of the tilting helm, that is, if the person in question were vain enough to have a large metal crest in whose folds and ornaments the point would find a ready lodging. Many were vain enough to have these armorial crests, with bears and dragons or even ships and castles on them, but Sir Lancelot always contented himself with a bare helmet, or a bunch of feathers which would not hold spears, or, on one occasion, a soft lady's sleeve.

It would take too long to go into all the interesting details of proper tilting which the boys had to learn, for in those days you had to be a master of your craft from the bottom upward. You had to know what wood was best for spears, and why, and even how to turn them so that they would not splinter or warp. There were a thousand disputed questions about arms and armour, all of which had to be understood.

Just outside Sir Ector's castle there was a jousting field for tournaments, although there had been no tournaments in it since Kay was born. It was a green meadow, kept short, with a broad grassy bank raised round it on which pavilions could be erected. There was an old wooden grandstand at one side, lifted on stilts for the ladies. At present the field was only used as a practice-ground for tilting, so a quintain had been erected at one end and a ring at the other. The quintain was a wooden Saracen on a pole. He was painted with a bright blue face and red beard and glaring eyes. He had a shield in his left hand and a flat wooden sword in his right. If you hit him in the middle of his forehead all was well, but if your lance struck him on the shield or on any part to left or right of the middle line, then he spun round with great rapidity, and usually caught you a wallop with his sword as you galloped by, ducking. His paint was somewhat scratched and the wood picked up over his right eye. The ring was just an ordinary iron ring tied to a kind of gallows by a thread. If you managed to put your point through the ring, the thread broke, and you could canter off proudly with the ring round your spear.

The day was cooler than it had been for some time, for the autumn was almost within sight, and the two boys were in the tilting yard with the master armourer and Merlyn. The master armourer, or sergeant-at-arms, was a stiff, pale, bouncy gentleman with waxed moustaches. He always marched about with his chest stuck out like a pouter pigeon, and he called out "On the word One—" on every possible occasion. He took great pains to keep his stomach in, and often tripped over his feet because he could not see them over his chest. He was generally making his muscles ripple, which annoyed Merlyn.

Wart lay beside Merlyn in the shade of the grandstand and scratched himself for harvest bugs. The saw-like sickles had only lately been put away, and the wheat stood in stooks of eight among the tall stubble of those times. The Wart still itched. He was also sore about the shoulders and had a burning ear, from making bosh shots at the quintain – for, of course, practice tilting was done without armour. Wart was pleased that it was Kay's turn to go through it now and he lay drowsily in the shade, snoozing, scratching, twitching like a dog and partly attending to the fun.

Merlyn, sitting with his back to all the athleticism, was practising a spell which he had forgotten. It was a spell to make the sergeant's moustaches uncurl, but at present it only uncurled one of them, and the sergeant had not noticed it. He absent-mindedly curled it up again every time Merlyn did the spell, and Merlyn said, "Drat it!" and began again. Once he made the sergeant's ears flap by mistake, and the latter gave a startled look at the sky...

...The Wart rubbed his sore ear and sighed.

"What are you grieving about?"

"I was not grieving, I was thinking."

"What were you thinking?"

"Oh, it was not anything. I was thinking about Kay learning to be a knight."

"And well you may grieve", exclaimed Merlyn hotly. "A lot of brainless unicorns swaggering about and calling themselves educated just because they can push each other off a horse with a bit of stick! It makes me tired. Why, I believe Sir Ector would have been gladder to get a by-our-lady tilting blue for your tutor, that swings himself along on his knuckles like an anthropoid ape, rather than a magician of known probity and international reputation with first-class honours from every European university. The trouble with the Norman Aristocracy is that they are games-mad, that is what it is, games-mad."

From *The Contenders* by John Wain

It was a warm summery evening, and when I got to the telephone-box there were a couple of chaps standing quite contentedly outside it, while a woman inside stared raptly before her, holding the instrument to her ear. I joined them and we struck up quite a friendship, during those long minutes on the pavement. From the weather we passed on to international politics, economic affairs, sport and agriculture. One of them was a Scotsman, and he was able to add variety and breadth to our little symposium by giving the characteristic North British view. I began to question him keenly about the nationalist movement, and the extent to which he, personally, considered Home Rule desirable or feasible. Now and again we glanced at the woman inside the box; she didn't seem to be talking much – if she was, we could only conclude that she had learnt some technique of talking without moving her mouth; from a ventriloquist, no doubt. This led our discourse naturally into the realms of entertainment and the arts, our Caledonian friend contributing a spirited defence of the traditional songs and dances of his native heath. What sounded like a peal of laughter reached us through the glass; my fellow Englishman suggested that the lady's unseen interlocutor must be a witty fellow indeed. This stimulated me to a short comparison of fashions in epigram in our grandfather's and our own epochs respectively; I quoted (from memory but, I trust, accurately) a few of Oscar Wilde's celebrated gems of wit and wisdom, and heartening indeed was the frank, manly laughter that rang out. Two boys now joined us, and we modified our conversation so as to bring them within its orbit, now questioning them as to their school activities, now engaging in reminiscences of our own carefree youth. As the long, golden evening gradually yielded first to twilight and then to a deep dusk, through which we could barely discern each other's faces, we re-lived many memorable passages of our lives, and placed before the eager lads the garnered sheaves of our longer experience.

Suddenly unable to stand it any longer, I went up to the kiosk and leaned against it, my face a few inches from the woman's. At first she did not see, and I was able to study her intently as, shoulders hunched, she held the telephone in a tense grip jammed against her ear. Possibly through fatigue, she was not standing, but leaning rigidly against the wall of the box; she looked like a roll of frozen linoleum in the hold of a liner. Her unseeing eyes were slightly raised, as if staring at an imaginary horizon. In a flash I knew her secret. She was one of those women who are all soul, all fire and radiance. Nothing could assuage that wild thirst for beauty and profundity except the masterpieces of the great Russian novelists. But – child of a harsh civilisation, ceaselessly denying the generous impulses of its people – she had never been taught to read. So each night she went to the telephone, and her cousin-in-law, the one with the stammer, read her half a dozen chapters of Dostoievsky.

Aflame with knowledge and sympathy, I flung open the door of the box. But before I could find words to tell her that I knew her secret and that it was safe with me, the woman put the telephone back in its rest.

"I can't get through", she said wonderingly.

As we stared at each other, one of the waiting boys pushed his way into the box and pressed Button B. There was a loud rattle as the coins the woman had inserted were spat out of the apparatus. *It was true.* She had stood in the box till her feet had splayed out like a bird's and never heard one word. I tried to speak but nothing would come.

"Give her back that money", said the Scotsman, appearing suddenly at my back. The boy, after one quick glance round for his missing companion, civilly handed the lady her three pennies, and took himself off.

"Now, if somebody'll start telephoning", the Scotsman went on. He seemed to be looking at me; it was not my turn, but I had to make some move, and this was as good a one as any. The woman walked stiffly past me, and I stepped into the box and closed the door. A moment later, Robert's Hampstead number was ringing. And it was only then that I realised something.

I had no idea what I was going to say.

From *Eating People is Wrong* by Malcolm Bradbury

One damp, rainy day Emma returned home from feeding some pigeons to find poor Mrs Bishop in a state of considerable upset. "There's been a nasty man here this afternoon", said Mrs Bishop, "and he's up in your room and he won't come out. I don't know what he's doing. I've been standing on the stairs shouting 'Fire!' but even that doesn't seem to worry him."

"Now, don't worry so much, Mrs Bishop", said Emma, not a little worried herself. "Did he say who he was?"

"Well, he said he was a friend of yours, but he didn't look like it to me, and I've never seen him here before", said Mrs Bishop, "He was tall and frightening and very ugly and his coat collar was turned up, and he had a foreign black beret on. There were great big drops of rain dripping off his ears. Then when I opened the door a crack, he pushed it wide open and stepped inside and said if he stood out there in the rain another minute he'd get pneumonia, and he wanted to dry off, and he asked for you then. So I said you were out and he said he'd go up to your room and wait and dry his clothes."

Emma rushed upstairs. "Mind", cried Mrs Bishop. "He might be naked." She threw open the door and there, in front of the gas fire, a plaid rug round his shoulders, sat Louis Bates. "What do you think you've been doing?" demanded Emma. Louis, who had come expressly to seduce her, was a little taken aback. Looking at it from his point of view, you could understand his disappointment; it was not a promising beginning.

For weeks now Louis had cavorted with love. Day after day he had searched the University for another glimpse of Emma – peering into lecture-rooms, scouting systematically along corridors, hovering outside the women's lavatories at strategic times. He had written her letters.

He had stopped working. It had disorganised his life. He could live with it no longer; he had to act. When he looked into the mirror each morning, as he shaved around the contours of each cheek, he had been braving himself up to all this: he half expected to find, one morning, a different face there, the face of Louis the lover, Louis the seducer, the fresh, cherubic face of a young man with sparkling eyes and shining teeth. Alas, it was always the same face, long and gaunt, that met his look; and it wasn't fair, for this was a new Louis, an extravagant, passionate Louis, doing new things, thinking new thoughts. Each morning he gazed at the solemn, hollow face that peered back at him from the mirror, smiled at it, teased and tempted it, said to it, "Emma, Emma, Emma". But it didn't seem to get the point at all. And now that she was sitting before him, not a fiction, but a real creature, the more desirable, but the less accessible, his daring faltered. How did one do it? Would she mind if he leapt up and heaved her into the bedroom, stripping off her clothes as they went? Yet he could live with it no longer; he had come to a kind of desperation, and had, somehow, to act.

"I had to see you", he said. "I can't live without you."

Emma went to the door and shouted downstairs: "It's all right, Mrs Bishop, it's someone I know." Then she returned to Louis. "You frightened Mrs Bishop out of her wits: did you know?"

"Why?" demanded Louis. "I didn't do anything."

"Coming storming into the house like that, and waiting in my room when I'm not here. You simply don't do things like that."

"Why simply don't you?" demanded Louis satirically. "I was soaking wet. I have a weak chest. And I had to see you. I can't go on like this. I can't work. I can't eat. I think about you all the time."

"I can't think why", said Emma. "You hardly know me; it's silly." She went over to the window and looked out; the weather that day had become wilder and more blustery; rain bounced in the streets and dripped from the eaves of houses; bedraggled dogs sat in doorways.

"I've changed completely. I'm a new person", said Louis. "I'm tired, now, of staying indoors and contemplating my navel. I want to get out..."

"And contemplate other people's?" asked Emma.

"Yes, then", said Louis. "Look. Don't I matter to you?"

"It's very flattering, of course, and I'm grateful."

"Look, I'm a human being, you know", said Louis. "I need love like everyone else. You're involved in this; you can't just throw the issue aside. What are you going to do about it?"

"Let's have some tea", said Emma.

"Look. This has to be taken seriously", said Louis. "I don't think people know how to take things seriously any more. The world is a great big joke; they want a laugh, a bit of amusement, and not to worry about anything. But you aren't like that."

"How do you know?" asked Emma.

"I do know. And nor am I. I can offer you something. I'm old enough and responsible enough to marry; I'm not an ordinary undergraduate playing at affection."

"Please don't", said Emma.

"I don't think you realise my...well, feelings about this. Emma..."

"No", said Emma. "Don't say any more."

"But I'm sure we could make each other very happy", said Louis despairingly. The phrase rendered itself ridiculous in the air, for this was surely what Louis did not have the gift of. "I often think about marriage", he went on, looking at the door to the bedroom.

"Do you?"

"Of course, most men have married by the time they have reached my age. I'm not a young man any more. But my background is rather different from most. I'm working class, you see; it's more difficult for me. A man needs to be understood."

"So does a woman", said Emma.

"Oh yes; I know", said Louis. "In a different way, though. But what I mean is, in my class, things are not the same. People don't recognise each other in the same way. That's why working-class novels don't come off, because the novel is so often about one person's sense of another, the recognition of their entity, but where I come from we don't exist like that. But a man like myself, with a reasonable amount of intelligence, because I really do have that..."

"I know", said Emma.

"Well, a man of that sort needs an intelligent wife. He needs to flourish as an individual, if you see what I mean. Not to be subjected. He needs really to be the intellectually dominant party in the relationship. He needs the wife to understand and agree with his allegiances. And there's something else."

"Do you take sugar?" asked Emma.

"Two spoonfuls. My health isn't good. I have a weak chest. I need a lot of looking after. You see, I'm frank. And an intelligent woman doesn't have a lot of time for that. Sometimes I think I'm like William Blake..."

"Yes, I expect you do", said Emma.

"And that I'd like to marry an ignorant but good woman who'd know how to look after me, and who, perhaps, would agree with my opinions simply because they're mine, and would enjoy making love in the garden. What do you think?"

"What about love?" asked Emma. "Does that enter into your scheme of things?"

"Well, yes", said Louis. "Love is a problem, but one often loves the sort of person one wishes to. It's a problem, but I think I've solved it." He nodded solemnly at her, and his meaning was unmistakable; all Louis's meanings were.

She looked at him, and wondered why he revolted her so much. She had to admit that it just wasn't fair. But there were, it seemed, some people to whom one never could be fair, whom one could never take seriously however generous one wished to be. Because of some grotesqueness, or a simple lack of charm, one didn't allow them the dues that one granted to people one knew. She had to recognise that Louis had such a place in her scheme, and that she did not know how to handle him. Now, as he became supplicant, a sort of horror fell upon her. He said that there were problems, but that they could be solved. Life was not simple and it was folly to expect that of it. She was of another status and another class. She would want to eat in expensive places and he wouldn't. She would want their children to go to public schools and he would not. But with goodwill this could be solved. "I'm like the poet Keats", he added. "I am certain of nothing but of the holiness of the Heart's affections. The Heart's affections – that's what I believe in." That is all I am certain of, thought Emma, but between what you mean by those affections and what I do there is all the difference in the world, and try to solve that one by good-will! To you it is a poultice for your chest, for me it is the most intense of frictions, consuming and purifying and changing. The heart did not make one happy – one registered the beat of one's living on it, happiness and sadness, pain and desire. How could he say they were alike? They were at opposite poles of the world. As she watched his lips moving, close to her, there seemed an immensity of distance between them, as though he stood at the far end of some long but distorted perspective.

"I have never felt like this before", Louis pressed on. "Passion has happened to me before; I'm a man, after all. But generally I preferred to ignore it, to get on with my work." This was true enough; it had always seemed to Louis that a fundamental desire to take postal courses was being sublimated by other people into sexual activity; that he was at the root of things. All this was, in a sense, something of a come-down. He could have remained independent; he wouldn't have lost his vote, food would still be served him, there was no real excommunication. But he had decided that this was not enough, that he had to act, get mixed up in the world. "I'm of this world; I feel, you know", he cried. "Up to the time I met you I had an unrealised sense of isolation, one that I only perceived at parties or in theatres. It hadn't mattered. But then I saw you, at the Prof.'s party, and I said, 'There, that's the one; get involved. Life is spending itself in events, not withdrawing from them.' It was such a change I promised myself, such a change. This will make you normal, I said."

"Oh, Louis", said Emma.

"I don't claim to be handsome or charming. I expect you like that sort of thing. But I have other virtues. I'm not in the pattern of modern romantic love; but nor are you. You feel beyond the ordinary – you're like me."

"Not very", said Emma. "Not much like you."

Louis leapt to his feet, pushed beyond endurance. "Emma, we're both adult men and women", he said.

"I know that", said Emma.

"Don't you ever think about sex?"

"Yes", said Emma. "I like it as a system."

"Emma", cried Louis, gulping with terror, at the apogee of his courting play, "let's go and drink this tea in the bedroom."

"What for?" said Emma.

"My God! Women!" said Louis; sometimes the opposite sex were just too opposite for him. He went over to the bedroom door and went in. Panties and nightdresses lay in exotic array about the room; family photographs stood on the dressing table; on one wall hung some postcard reproductions of classical statuary; on another a sign, stolen from some public place. It said, "Please Adjust Your Dress Before Leaving". What's he doing? wondered Emma. His head popped suddenly round the jamb and, with infinite cunning in his voice, he said, "Come in here."

"No", said Emma.

"Come on", said Louis. "Come in here."

"You come in here", said Emma, "and finish your tea."

"Please come", said Louis. There was no reply. He popped his head back into the bedroom again. His voice came again, apparently talking to itself: "Goodness, it's lovely in here", it said. There was a pause. Then he said: "I'll throw the alarm clock out of the window if she doesn't come in here."

"You'll pay for it if you do", said Emma warmly.

"Damn, damn, damn", shouted Louis apoplectically. He came out of the bedroom furiously. "What's wrong with me? I'm the plaything of the gods. The buffoon, the whipping-boy, the scapegoat."

"Sit down, Louis", said Emma.

"At least, spare me one little kiss", said Louis, in desperation.

"No", cried Emma. He looked at her and she was sobbing. Little tears coursed down her cheeks. "Go away, Louis, please."

"Why am I the one who goes unloved?" demanded Louis. "What's wrong with me? Don't you like my face? Or is it my class? Isn't that good enough for you?"

"Louis, don't", cried Emma. "I hold nothing against you."

"I know I'm not very good with women; I'm no Don Juan, my intentions were honourable; I'm not doing this for fun, you know." No, fun was the last thing it was. Love, for Louis, was a serious matter. It was big business. He could imagine no more delightful prospect than that of being seen talking intimately to Emma, walking with her in the street, helping her off with her coat, being leaned on by her as she tipped stones out of her shoes. He could see her in these simple images – cooking at his stove, darning his socks, making their bed, dandling their children, nursing his influenza, knitting his sweaters. And it was images of the same sort that filled Emma's mind – the prospect of darning his seedy socks, washing his great socks, ministering to his weak chest, producing his snotty brats – and assured her that there was no hope for their intimacy.

"Stop talking about it, Louis", she said.

"Can I still hope? Have I offended you too much?"

He had, but Emma could not say so; he would take it as a slight to his face, to his class, to his lack of normality. "I'm not offended", said Emma.

"And I can hope?"

"I don't know", said Emma.

"You don't see how much I need you."

"All right then, Louis, but please go."

He picked up his damp coat, heaved his black beret on to his head, and she saw him to the door. As she went down-stairs with him she wondered how she could have let all this happen. She wasn't a hard person, making quick dismissals of unwanted people. She placed the highest regard on personal relationships: what else, in this day and age, did one have? But Louis was hardly normal, hardly real. With his great, balding head and cadaverous body, his shabby, shapeless clothes and that immensely long, unbelted raincoat that hung down close to his feet, those large, knuckled, simian arms that dangled from sleeves always too short, he looked an absurdity; in him there was something of the butt. How could one offer him anything but pity?

Meanwhile, Louis walked home under the damp trees, perversely trying to catch pneumonia, bursting with chagrin, and asking himself furiously why everything good that he touched snapped in his clumsy paws. Why isn't my life like other people's? he wondered. What do I do wrong? Why are some singled out for special misfortune, congenitally condemned to writing to Anne Temple or Dorothy Dix, and being advised to join a tennis club or learn one topic of conversation really well? Louis tried to think of some stratagem by which he might restore himself to favour, a neat little social subtlety that might make up for the solecisms. But subtleties! – he was about as subtle as the smell of bad drains. And then he thought of something; he thought in fact of someone, and that was Mirabelle Warren.

From *The Horse's Mouth* by Joyce Cary

It was half-past six, too dark to paint, turning very cold. Clouds all streaming away like ghost fish under the ice. Evening sun turning reddish. Trees along the hard like old copper. Old willow leaves shaking up and down in the breeze, making shadows on the ones below, reflections on the ones above. Need a tricky brush to give the effect and what would be the good. Pisarro's job, not mine. Not nowadays. Lyric, not epic.

Stopped at the corner and put on Coker's socks. Silk and wool; must have cost seven and six. But the trouble was, I had holes in my bootsoles and the pavement struck through. Went to a rubbish basket and got some evening newspapers. Shoved 'em in my boots. Shoved 'em up my trousers, stuffed 'em down my waistcoat. As good as leather against an east wind. Thank God for the Press, the friend of the poor. Then I went in and lit a match to have a look at the picture. I had a feeling it mightn't be there. And it wasn't there, only a piece of dirty yellow paint. It gave me a shock. There, I said to myself,

I've spoilt my night's rest. Why couldn't I take it on trust. Act of faith. That's all it is really.

"Mr J-Jimson."

"No, he's not at home."

"I w-wondered if you'd like some coffee from the s-stall."

"No", I said, "he wouldn't. He's gone to bed."

The boy moved off. I went up to the picture on tiptoe and lit another match. This time it showed me a lot of dirty red paint. Like the skin on a pot of rust proofing. My God, I said, how and why did I do that. I must have lost the trick of painting. I'm done for. I'll have to cut my throat after all.

"Your c-coffee, Mr Jimson."

"Mr Jimson has just gone out. He must have seen you coming."

But the boy switched on his bicycle lamp; and came right in and put the coffee in my hand.

"Mr Jimson won't be back for some time", I said. "But he asked me to tell you that you haven't got a chance. He isn't going to talk to you about art. He's committed arson, adultery, murder, libel, malfeasance of club monies, and assault with battery; but he doesn't want to have any serious crime on his conscience."

"B-but, Mr Jimson, I w-want to be an artist."

"Of course you do", I said, "everybody does once. But they get over it, thank God, like the measles and the chicken-pox. Go home and go to bed and take some hot lemonade and put on three blankets and sweat it out."

"But Mr Jimson, there must be artists."

"Yes, and lunatics and lepers, but why go and live in an asylum before you're sent for. If you find life a bit dull at home", I said, "and want to amuse yourself, put a stick of dynamite in the kitchen fire, or shoot a policeman. Volunteer for a test pilot, or dive off Tower Bridge with five bobs' worth of roman candles in each pocket. You'd get twice the fun at about one-tenth of the risk."

I could see the boy's eyes bulging in the reflected light off the boards, the colour of dirty water. And I thought, I've made an effect. "Now go away", I said, "It's bedtime. Shoo."

He took up my cup and went away. And I struck another match to look at Eve's face. Oh my God, I thought, it's as flat as a tray. It's all made up. What a colour. Tinned salmon. Why did I do that? What a piece of affectation. What was I feeling about? And I felt all locked up. I wanted to knock my head on the walls.

The boy came in with another cup of coffee.

"For God's sake", I said, "Mr Jimson is not at home, and he doesn't like to be interrupted by impudent young bastards walking into his house as if it was their own."

"Oh, Mr Jimson, but I saw they'd g-got buns." And he gave me a bun with the coffee. "I'm s-sorry Mr J-Jimson", he said, "but I don't know any other real artists."

"Who told you Mr Jimson was an artist?" I said. And in my agony I took a bite at the bun. It was a good bun and my impression was that the boy had given me the biggest, though in the dim light he might easily have juggled himself the big one. And I was touched. I oughtn't to have been touched because obviously the young blackguard was trying to get round me for his own purposes. With coffee and buns out of his week's pocket money. But I've always had a weakness for boys like Nosy; ugly boys who aspire to martyrdom or fame.

"Look here", I said, "I'll tell you a secret. Jimson never was an artist. He's only one of the poor beggars who thought he was clever. Why, you know what the critics said about his pictures in 1908 – that's thirty years ago. They said he was a nasty young man who didn't even know what art was, but thought he could advertise himself by painting and drawing, worse than a child of six – and since then he's gone off a lot. As he's got older, he's got younger."

"Oh Mr Jimson, but they always say that."

"Sometimes they're right, my lad. And my impression is that they were right about Jimson. He's a fraud. Don't you have anything to do with him. Let dirty dogs lie, and swindle, and so on."

"But there are artists, Mr Jimson."

"Yes, Jimson's papa was an artist, a real artist. He got in the Academy. He painted people with their noses right between their eyes. He started measuring up the human clock at ten years old, and he worked sixteen hours a day for fifty years. And died a pauper in quite considerable misery. Personally, I'd rather be eaten alive by slow worms."

"What d-did he p-paint?"

"Pictures", I said severely. I saw the way the boy's mind was going. "Art. Jimson's papa may have been in the Academy and painted nicely, but his pictures were definitely art. A lot of artists have painted nicely. But I suppose you never heard of Raphael or Poussin or Vermeer."

"Oh yes, they were f-famous artists – and there are s-still f-famous artists."

"Jimson's papa was like that. Of course, when he started he wasn't popular – rather too modern. He took after Constable and the critics said he was slapdash. But about 1848 he became fuf-famous, for about five years. His stuff was landscape with figures. Girls in gardens. With poetry in the catalogues. He used to get about two hundred guineas for a really nice girl in a nice cottage garden – hollyhocks and pink roses. He made two thousand a year at one time and entertained in style. His wife had three big receptions and a baby every year. But about 1858 a new lot of modern art broke out. The pre-Raphaelites. Old Mr Jimson hated it, of course. And all decent people agreed with him. When Millais showed his Christ in the Carpenter's shop, Charles Dickens wrote that the pre-Raphaelites were worse than the bubonic plague, and Mr Jimson wrote to *The Times* and warned the nation, in the name of art, that the pre-Raphaelites were in a plot to destroy painting altogether. This made him very popular. All really responsible people saw the danger of modern art."

"The d-danger. But that's quite s-silly."

"No it's not silly. And it's time you went home to your mammy. By Gee and Jay, I'd like to see Mr Jimson hear you say that his remarks were silly. Thank God he's absent tonight. Get out quick before he comes back and wrings your neck."

The boy went out and I lit another match. As every painter knows the fourth look is often lucky. It is always a good plan, during an attack of the jimjams, to try at least four matches. A picture left about in the dark will often disappear for three matches, and come back again, at the fourth, a regular masterpiece. Something quite remarkable. But the match went out before I could see whether I was looking at genuine intuition of fundamental and universal experience in plastic forms of classical purity and simplicity, or a piece of barefaced pornography that ought to be dealt with by the police.

"Excuse me, Mr J-Jimson, I thought you might like a s-s-s-s", and he gave me a sausage roll. "It's so cold tonight."

"You are a good boy", I said, in spite of myself. "And so I'm telling you something for your good. All art is bad, but modern art is the worst. Just like the influenza. The newer it is, the more dangerous. And modern art is not only a public danger – it's insidious. You never know what may happen when it's got loose. Dickens and all the other noble and wise men who backed him up, parsons and magistrates and judges, were quite right. So were the brave lads who fought against the Impressionists in 1870, and the Post-Impressionists in 1910, and that rat Jimson in 1920. They were all quite right. They knew what modern art can do, creeping about everywhere, undermining the Church and the State and the Academy and the Law and marriage and the Government – smashing up civilisation, degenerating the Empire.

"Look at the awful disgusting pictures Jimson paints – look at that Adam and Eve – worse than Epstein or Spencer. Absolutely repulsive and revolting, as Dickens said about Millais. A shocking thing. Thank God Jimson's papa never saw it. It would have broken his heart if it hadn't been broken pretty thoroughly already, when the pre-Raphaelites got into the Academy, and he was thrown out."

"How could they do that?"

"Yes, they could, because he wasn't an associate. He was just going to be when something happened and they threw him out instead. Bang. Three girls in three gardens. Lovely girls. Lovely pictures. But somehow nobody wanted any more nice girls in gardens. Not Jimson girls. Only Burne-Jones girls and Rossetti girls. So papa and mama and their numerous family had nothing to eat." I swallowed the bun to hide my emotion. I didn't know whether I'd be able to live through the night without my picture. I'm never really comfortable without a picture; and when I've got one on hand, life isn't worth living.

"Mr J-Jimson, do you think it's a good thing to s-start in an art school?"

"Who's going to stutart in an art school?"

"Me."

"Oh go away, go away. Go home." And I chased him out. I wanted to be unhappy by myself. I wanted to grieve for Papa. That man suffered a lot. Even more than my poor mother who had to watch him suffer. For she had seven children to worry about as well, and children are a duty. Whereas a broken-hearted man with a grievance is only a liability, a nuisance. And he knows it too.